エンジョイベースボールの真実

球縁に導かれた波瀾万丈の野球道

堀井哲也 著

ベースボール・マガジン社

エンジョイベースボールの真実
球縁に導かれた波瀾万丈の野球道

目次

取材・文／佐伯 要
協力／慶應義塾体育会野球部
東京六大学野球連盟
写真／田中慎一郎（カバー）
ベースボール・マガジン社
校閲／中野聖己
装丁・本文デザイン／浅原拓也

プロローグ

2021年春のリーグ戦で、慶大は3季ぶり38回目のリーグ優勝を果たしました。5月30日の早大2回戦終了後に行われた閉会式で、私たちは天皇杯を手にしました。

皇室の御紋である「菊花紋章」が刻印された銀製のトロフィー。一競技に一つという原則があるこの天皇杯は、野球界ではプロ野球で日本一になったチームでも、社会人日本一のチームでも、大学日本一のチームでもなく、東京六大学リーグを制したチームに下賜されます。

東京六大学リーグが始まった翌年の1926年秋に摂政殿下（後の昭和天皇）が神宮球場の球場開きにご臨席された際に、下賜の御沙汰がありました。戦時中に野球統制令が出るなど文部省（当時）の通達で1943年に東京六大学リーグはいったん解散し、摂政杯を宮内省（当時）に返還。1946年春にリーグを再開した時、摂政杯に代わって天皇杯が下賜されることになりました。

この歴史的意義には、重みがあります。私は「リーグ優勝」と言う代わりに、「天皇杯」と言っています。学生時代は一度も手にできなかった天皇杯を、母校の監督に就任して2年目でいただくことができました。

この天皇杯を、どうしてもお見せしたい人がいました。

リーグ戦閉幕から3日後の6月2日。私は慶大体育研究所名誉教授の綿田博人さんのご自宅を訪問しました。

慶應義塾体育会野球部のOB会である三田倶楽部の奈須英雄理事長、野球部マネジャーの湯川適、服部昂祐と同行しました。

綿田さんは、私の学生時代に慶大の助監督だった方です。2020年まで慶大の先輩理事（東京六大学野球連盟の役員）を務めておられましたが、その年の5月頃から体調を崩して、自宅で療養されていました。


私が慶大の3年生だった、1982年秋。早慶戦が終わった日の夜のことです。

神奈川県横浜市の慶大野球部合宿所の最寄り駅・東急東横線日吉駅近くにある、野球部員行きつけの中華料理店「英枝」で、仲間と3人で食事をしました。
5、6人が座ればいっぱいになるような狭いお店。餃子を食べながらビールを飲み、最後に担々麺で締めるのがお決まりのコースでした。
シーズンを振り返りながら飲んだり食べたりしていると、日付が変わる頃になって、綿田助監督がお店に入ってこられました。そのお店に顔を出されていたのはもちろん知っていたのですが、ご一緒するのは初めてでした。

綿田さんがビールを飲みながら、私に言いました。

「堀井、お前はアメリカ遠征のメンバー候補だぞ」

そして、念を押すように、こう付け加えました。

「温情なんかじゃないぞ」

その優しい声は、今でも私の耳にははっきりと残っています。

慶大野球部は翌1983年の春、シーズン前にアメリカへ遠征する予定でした。3年時にはリーグ戦で1打席に立っただけの私が、まさかその30名のメンバーに入るなんて、思ってもいませんでした。

綿田さんのこの言葉がなければ、今の私はありません。そう断言できます。

情に厚く、何度も何度も助けてもらった恩人です。先輩理事に就任されてからも、慶大の野球部を慶大のグラウンドや神宮球場でいつも温かく見守ってくださいました。私が慶大の監督に就任した時には、「堀井、頑張れよ」と励ましてくれました。

リーグ戦期間中にも、5月19日の夕方に一度お見舞いにご自宅に来ていたのですが、その時は病状がかなり悪く見えました。

当初は6月7日に開幕する全日本大学選手権が終わってから、リーグ戦の優勝報告と、できれば日本一の報告も兼ねてお見舞いに……と思っていたのですが、もうあまり意識がない状態だとお聞きしたので、日を早めました。最後にどうしても天皇杯を見ていただきたかったからです。

マネジャーの湯川が天皇杯を納めた箱を大事に抱えて持ち、4人でご自宅の玄関を入って2階へ上がり、綿田さんのお部屋に入りました。

天皇杯をお見せできる喜びよりも、とにかく病状が心配でした。

ベッドで休まれていた綿田さんは、2週間前よりも、さらにやつれたように見えました。

奥様は「自分からは意思表示できないんだけど、言っていることはわかるみたいよ」と仰いました。

私が箱から天皇杯を慎重に取り出すと、奥様がベッドの背もたれを起こしました。

奥様は目に涙を浮かべながら、意識が朦朧としている綿田さんの体を支えました。

「博人さん、堀井さんが来てくれたよ。天皇杯を持ってきてくれたんだよ。天皇杯がうちに来たんだよ」と奥様は綿田さんに聞こえるように、声を振り絞りました。

私は天皇杯を両手で持ち、綿田さんに手渡そうと、そばへ行きました。

奥様が綿田さんの両手を取りながら天皇杯を持たせると、綿田さんは目を閉じたまま、菊花紋章が刻印された部分を大事そうにさすりました。

その時、ほとんど意識がないはずの綿田さんが、ニコニコッと笑ってくださったのです。

奥様は驚き、慌ててスマートフォンを取り出して、天皇杯を手にした綿田さんを撮影しました。その柔らかな表情を見て、ああ、これで少しだけ恩返しができたのかなと思いました。

伊豆の野球少年だった私が、慶大で4年時にレギュラーになり、社会人野球の道に進めた。そして、社会人野球でもほとんど実績のなかった私が、指導者になることができた。もしもあの時、あの人との縁がなかったら……。あの人の言葉がなかったら……。

人生の「ＩＦ」を思うと、私は野球を通じた縁、いわば「球縁」に導かれ、いろいろな人たちに支えていただいていることを強く感じています。

第1章　伊豆の野球少年、慶大へ行く

長き野球人生のはじまり

私は父・直《なおし》と母・百合子の長男として、静岡県田方郡函南町《かんなみ》で1962年1月31日に生まれました。

函南町は伊豆半島の付け根に位置しています。箱根の別名である「函嶺」の「南」。その町名の通り、山や緑に囲まれた自然環境の豊かな町です。

父方の祖父・勝平と祖母・志ん、弟の秀彦、伸忠を合わせて7人家族でした。兼業農家で、父が沼津市役所に勤務し、祖父母と母が農業に従事していました。当時の函南町内には、そんな家庭が多くありました。

父は出勤する前後に田畑の仕事や牛の世話をし、休日も当然のように働いていました。一年中、朝から晩まで休みなく働いている。そんな父の後ろ姿を見て、私は育ちました。

母は田舎の近所付き合いや親戚付き合いが上手でした。子どもながらに母の様子を見て、周りから信頼されているんだなと思っていました。決して自慢話をしない人だったので、皆さんが相談に来たり、心を許して会話をしたりしていたように思います。

自宅には、寄り合いや冠婚葬祭などで大人が出入りする機会が多くありました。私は大人同士の会話を部屋の隅でじっと聞いて、いろいろな情景を思い描いているような子どもでした。他人の話を興味深く聞くのが習い性になっていました。

函南町立函南小学校の2年生の時に父にグローブを買ってもらって、野球を始めました。といっても、ただの遊びです。学校が終わると「野球やんべえ」と言って、近所に住んでいた子どもたち数人で集まり、神社の境内や公民館の広場などでいわゆる三角ベースをしていました。

小学校の子ども会に入り、ソフトボールをするようになりました。6年生の時には函南町内の20数チームが参加した大会で春と夏に優勝しました。私はファーストを守り、五番バッターでした。


小学生の頃から、高校野球に興味がありました。4年生の時の夏の甲子園の桐蔭学園高校（神奈川）対福島県立磐城高校の決勝戦、6年生の時の夏の甲子園の静岡県立静岡高校対広島県立広島商業高校の決勝戦をテレビで見て、強い印象を受けました。卒業アルバムには「甲子園に出たい」と書いています。

小学校5年生の頃は、学校で水泳の練習を一生懸命していました。4年生まではそれほど何かに熱中するということはなかったのですが、担任の小早川晥司先生が水泳の面白さを教えてくれました。その年の函南町の学年別水泳大会では25メートル自由形で2位になっています。

6年生になると、ソフトボールのほうに熱が入り、5年生の時ほど水泳の練習に力を入れることはなくなってしまいました。5年生の時の成績に甘えていた部分もあったと思います。6年生の時の水泳大会では、やはり結果が出ませんでした。

5年時は努力の末に成功した。6年時は努力が足りずに失敗した。水泳を通したこの経験で、小早川先生は努力することの意味を私に伝えてくれました。この原体験は、その後の私に大きな影響を与えています。


函南町立函南中学に入学すると、軟式野球部に入りました。本格的にチームに入って活動するのは初めて。野球部ならではの上下関係に「厳しい世界なんだな」と感じました。

1年生の夏。私は思わぬ形で練習を欠席してしまいます。夏休みに野球部の練習計画が配布されたので、「この日とこの日に行けばいいんだ」と思っていました。ところが、実はその日だけではなく、毎日練習をしていたのです。それを知らなかったとはいえ、練習を一度欠席してしまったので、その後は行きづらくなってしまいました。

新チームが結成された後、2年生や同級生から「堀井はサボる人間だ」というレッテルを貼られていました。そういう思いをしたくないので、それからは本当に身を入れて練習し、休むことはなくなりました。

周囲の見る目が変わるまでに、半年くらいかかったと思います。この経験から、信頼は一瞬にしてなくなり、それを取り戻すまでには大変な時間が必要なんだと学びました。

中学2年の夏までは上級生の練習を手伝うような形でしたが、自分たちの代になってからは本当に一生懸命に練習しました。ポジションは外野手でした。私はサードやショートがカッコいいと思っていたので内野を守りたかったのですが、顧問の佐野文康先生に「お前は外野だ」と言われて、センターを守っていました。今思えば、チームには内野の守備がうまい選手がいたので、先生の判断は妥当だったと思います。

授業が始まる前には朝練。部活動としての練習が終わった後は、下校時刻を過ぎても残って練習していました。いわゆる田舎の学校の自主練習ですから、下級生に投げてもらって、3年生が好きなだけ打つという単純なものでした。

私は右打ちでしたが、遊び半分で左でも打っていました。函南中の3学年先輩の水口博久さんが日大三島高校で野球をやっておられて、スイッチヒッターでした。水口さんがたまに中学の練習を手伝いに来てくれていたのですが、その姿を見て、カッコいいな、こういう選手になりたいなとスイッチヒッターにあこがれていました。

甲子園に出たいという思いで、県内の有力校のスカウトの目に留まるために静岡県大会出場を目標にしていました。中学3年の夏の大会には「二番・センター」で出場しましたが、田方郡大会で負けてしまいました。1回戦では強豪の土肥中学に接戦で勝利。2回戦で勝てば東部大会進出が決まったのですが、大仁中学に敗れました。練習試合では何度も勝っていた相手でしたが、不覚を取ってしまい、とてもショックでした。

高校は甲子園出場に近い静岡県立静岡高校か静岡県立静岡商業高校に行きたかったので、そういう道がないかなと考えていました。しかし、中学時代の実績ではアピールもできず、声も掛かりませんでした。両親から「大学へ進学しなさい」と言われていたこともあって、地元の静岡県立韮山高校で野球をやるのが現実的だと考えました。

韮山高校、通称「韮高」は静岡県内有数の進学校です。野球部は1950年のセンバツで優勝しています。

私は中学3年の秋になると、毎週土曜日には授業が終わってから自転車で韮高まで行き、練習を見ていました。韮高で甲子園を目指せるのか。生意気にもそれを確かめたかったのと、どういう選手がいて、どんな練習をしているのかが知りたかったからです。

当時は県ベスト8、ベスト16に入るレベルのチームでしたが、しっかり練習していて、いいチームだなと思いました。よし、韮高で甲子園を目指すぞという気持ちになりました。

韮高の練習を見た後は、バッティングセンターに寄って打ち込んでから、家に帰る。それを受験勉強のモチベーションにしていました。

父は、私が高校で野球をすることには反対で、「野球はそんなにうまくないんだから、勉強をしっかりやれ」と言いました。私は「ちゃんと勉強もやるから、高校でも野球をやらせてくれ」と、自分の意思を貫きました。

上野精三さんとの出会い

1977年の春。私は韮高に合格して、中学のチームメートの柳本裕次と一緒にすぐに野球部の練習に参加しました。

硬式球を扱うのは初めてなので、1年の夏に猛練習で鍛えられました。守備では打球の転がり方もスピードも軟式とは違います。

打つ感覚もまったく別物。フリーバッティングをした時、いくら打っても、打球がまったく飛びませんでした。その様子を見ていた、同級生の木村泰雄が「堀井、打球が死んでるぞ」と言いました。

その言葉にショックを受けました。あれ？　なんで飛ばないんだろう？　考え過ぎて、バッティングがわからなくなってしまいました。

中学時代に左打ちの経験があったので、右でダメなら、左で打ってやろうと考えました。豊岡武士監督（現・三島市長）に「左打ちにしたい」と言うと、「いいぞ」という返事でした。きっと、豊岡監督は私が主力選手だとは思っていなかったから、あっさりOKしたのでしょう。

ただ、その時に「トスバッティングだけはちゃんとやれよ」と言われました。その言葉はずっと心に残っていて、私は今でもトスバッティングを大事にしています。

豊岡監督は「オレは、野球は素人だ。高校までしかやってない。だから、技術についてはいろんな人を呼んで、君たちに勉強させる」と言い、韮高OBに限らず、いろいろな人を招きました。

そのうちの一人に、上野精三さんがおられました。静岡中学(現・静岡高校)のエースとして1926年夏の甲子園で優勝。慶大、日本石油(現・ENEOS)でプレーし、1947年春から1948年秋まで慶大の第5代監督を務められた方です。小柄で、穏やかな印象でしたが、野球について語る時は力強い口調でした。その時は、ただただすごい経歴の方が教えに来てくださったんだなと驚いただけ。まさか、この上野さんとの縁がその後の私の野球人生を変えることになるとは、知る由もありませんでした。

1年秋の新チームになってから、試合に出るようになりました。一つ上の学年が3人しかいなくて、私たちの学年も含めてレギュラーを争っていました。

高校2年夏の静岡大会ではレギュラーとして試合に出ました。

初戦の相手は、優勝候補の東海大第一高校(現・東海大静岡翔洋高校)。私は「九番・レフト」

で出場しました。

伊郷伸之投手が好投を続け、韮高が押し気味に進めながら、0対0のまま延長戦に入りました。延長10回表。私は二死一、三塁から打席に入りました。相手投手は左腕の加藤久夫さん。ものすごくいい投手で、それまでの打席ではまったく打てる気がしていませんでした。「代打を出されるだろうな」と思っていたら、豊岡監督が「行け」と言ってくれて、打席に向かいました。

結果はセンター前に抜けそうな打球だったのですが、セカンドに好捕されてしまいました。試合は11回裏に1点を取られ、0対1でサヨナラ負けしました。

3年生になると、豊岡監督に代わって久保一昭監督が就任されました。久保監督は立大の野球部出身。野球の知識も経験も豊富な方でした。

3年の春頃まではレギュラーだったのですが、夏の大会前にはスタメンから外れるようになってしまいました。

レギュラー争いをする中で毎日、朝も昼も夜もバットを振っていました。ある日、なんとなくバットを構える角度を45度に寝かせてみました。すると、突然バッティングが良くなりました。

その何日か後。夏の静岡大会直前に行った静岡県立島田工業高校との練習試合ではスタメンで起用され、最初の打席で三塁打を打ちました。次の打席でも二塁打。結果が出たことで自分なりに手応えはあったのですが、夏の大会では控えに回りました。

こうして迎えた高校最後の夏の大会では、1回戦の静岡県立島田商業戦に2対1で勝利。私は2イニングだけレフトの守備に就きました。2回戦は静岡県立修善寺工業高校（現・伊豆総合高校）に2対6で敗戦。出番がないまま、高校野球が終わってしまいました。

負けた後、富士球場の外にあるトイレで泣きました。泣いたというより、涙が後から後から流れ落ちてくるような感じでした。

負けた悔しさ。最後の試合に出られなかった悔しさ。もちろん競争だから、レギュラーがいて、控え選手がいる。試合に出られない選手もいる。それはしかたがないことです。

でも、自分としては、それまでやってきた成果を出し切れなかった。自分自身に対して、歯痒さがありました。うぬぼれではなく、もっとできたのに……という思いです。

次の日に3年生も含めた全体ミーティングがあったのですが、その時も泣いていました。小学校の頃からあこがれて、ずっと目指してきた甲子園出場という夢が、不完全燃焼のまま果たせなかった。その悔しさの反面、大会直前の島田工業高校戦での成功体験も私の中に強く残っていました。

よし、大学で野球をやろう。私は心の中で決めました。

韮高で野球をした2年半は、とにかく野球漬けの毎日でした。1年秋から左打ちに変えたということもあって、ずっとバットを振っていた記憶があります。朝は授業前に特打ち。バックネットに向かって打ったり、誰もいない外野に向けて打ったり。私のほかにも1人、2人よく練習するヤツがいて、彼らと一緒にやっていました。

昼休みにはティーバッティング。午後4時頃から8時までの練習が終わると、また自主練習です。韮高のグラウンドには照明がなかったので、日が暮れてからは講堂の中のネットが張ってあるスペースで打ったり、家に帰ってから素振りをしたりしていました。

また、グラウンドのすぐ横にあるウエートリフティングの施設でスクワットやベンチプレスをしていました。当時は野球選手がウエート・トレーニングをするのはまだ珍しい時代でしたが、私はとにかくうまくなりたかった。何でもかんでも手当たり次第にやろうと思って、ウエート・トレーニングの本を買ってきて、独学で勉強しながらトレーニングをしていました。

そんな日々だから、学業のほうは成績がどんどん下がっていました。韮高なら、学年で100番以内に入っていれば国公立や早慶に受かると言われていて、入学直後は10番以内に入っていました。それが、高校3年の時点では真ん中より下で、150番から200番の間。こんなに落ちるのかというくらいまで、落ちていました。

高校3年の夏の大会で負けた瞬間から、受験勉強に切り替えました。東京六大学リーグで野球をしたいという思いがありました。韮高にはOBの大学生が春休み、夏休み、冬休みにグラウンドに戻ってきて後輩を指導するという伝統がありました。伊藤圭介さん（元・静岡放送アナウンサー）や小澤通利さんらが熱心に教えてくれていました。

そうしたOBの中に、5つ上の先輩の吉田敏道さんと鈴木洋一さんがおられました。吉田さんは明大でレギュラーになって、リーグ優勝も経験。日米大学野球選手権に出場する全日本のメンバーにも入ったスーパースターでした。鈴木さんは慶大で代打としてリーグ戦に出場された方。お二人とも時間を作って韮高の練習に来てくれていました。その時に吉田さんの明治の帽子や、鈴木さんの慶應のストッキングを見て、東京六大学野球っていいな、カッコいいなとあこがれていました。

ただ、自分の実力からすると、東京六大学リーグの大学でレギュラーになれるのは東大しかないだろうと考えていました。

志望校に「東大」と書くと、担任の増田謙吾先生からすぐに職員室に呼ばれました。

「二浪するくらいの覚悟があるなら別だけど、現役では絶対無理だぞ」

私は「とにかく頑張ります」と答えました。

増田先生は英語科の先生で、「夏休みの間にこれをやるといいよ」と、一冊の分厚い英語の問題集を渡してくれました。夏休みの間は、それを徹底的にやりました。

ところが、1カ月ほど経って、過去の入試問題を見てみると、その問題集よりも明らかに難しいと感じました。そこで私はようやく理解できました。そうか、先生は「まずは基礎からやれ」と、この問題集を渡してくれたんだな。これだけやっていたって、入試問題を解けるようにはならないぞ……。

大学受験生向けの月刊雑誌『蛍雪時代』で志望校に合格した人の体験談を読み漁りました。そこには英語の問題集は旺文社の『英文標準問題精講』がいいと書いてあったので、夏休みの終わりに本屋へ買いに行きました。パラパラッと開いてみた瞬間に、こんなに難しいのかと驚きました。ただ、そこで火がつきました。増田先生が渡してくれた問題集で基礎をやっていて、よかったと思います。いきなり『英文標準問題精講』に手を出していたら、おそらくつまずいていたでしょう。

自分の中では、東大も何とかなるという思いがありました。世界史が得意で、数学も大丈夫。あとは英語と、国語の古文だなと思っていました。

ところが、実際には物理・化学まで手が回らなかったこともあって、共通一次（大学共通第一次学力試験）の得点が低かった。そのため、二次試験では東大をあきらめて、筑波大に出願しました。私立では慶大と青山学院大を受けました。

もし筑波大に受かれば、筑波大に行くつもりでした。

当時の韮高の野球部OB会長で、明大出身の山口順之さんから「堀井、大学で野球をやって、指導者として戻ってこいよ」と背中を押されていました。その言葉もあったので、筑波大で野球を一生懸命やろう、高校の教諭になって野球の指導者になろうという気持ちが強かったのです。

しかし、筑波大に落ちてしまいました。浪人してでも東大へ行くという執念は、ありませんでした。仮に全部落ちていたら浪人していたでしょうが、慶大の法学部政治学科と青学大の法学部には受かったので、慶大に進学することに決めました。

当時の慶大の4年生には、そうそうたる顔ぶれが揃っていました。主将はのちにヤクルトでプレーする青島健太さん。1975年の夏の甲子園でサイクルヒットを達成した土佐高校の玉川寿さん。銚子商業で1974年夏に全国制覇を果たした前嶋哲雄さん。中京高校（現・中京大中京高校）のエースで四番を打つスイッチヒッターだった千賀儀雄さん。こんな人たちがいる中で、オレなんかがレギュラーになれるわけがない。甲子園常連校ならともかく、韮山高でレギュラーと控えの間をウロチョロしているような選手が、いったいどうやったら活躍できるんだ？

慶大ではベンチにも入れないかもしれない。それでも、4年間で慶應の野球を骨の髄まで味わおう。真剣に野球をやろう。そう腹を括りました。

3月の下旬。私は慶大の野球部合宿所へ向かいました。静岡県の実家から新幹線と電車を乗り継いで、日吉駅に着きました。

日米の野球に詳しい慶大の池井優先生が受験雑誌に書かれたコラムに日吉駅周辺の風景が描写されていたのですが、そのイメージと実際の風景を照らし合わせ、街を歩いている人に「慶應のグラウンドはどこですか?」と訊きながら、徒歩で合宿所に向かいました。

ドキドキしながら慶大の下田グラウンド（日吉グラウンド）のライト側まで来ると、練習用のユニフォームを着た選手が私に近づいてきて、「筑波、受けたでしょ?」と言いました。この時、咄嗟に彼も筑波大の受験に失敗して慶應に来たんだと思い、同じような立場の選手がいることに少し安心しました。後に、それが同じ1年生の庄司信明だとわかりました。

野球部の合宿所は、グラウンドのセンターのバックスクリーンから道を隔てたところにありました。

「ここが合宿所か。さあ、どう言えばいいんだろう」とまごまごしていると、野球部の人たちが練習を終え、合宿所に戻ってきました。

その中の一人が、千賀さんでした。中京高校時代から有名だったので、お顔を見た瞬間に千賀さんだとわかりました。思い切って、「野球部に入りたいんですけど……」と声を掛けました。

千賀さんが「じゃあ、こっち」と言って、玄関まで連れていってくれて、「おーい、真田！」と4年生マネジャーの真田幸光さんを呼んでくれました。

千賀さんが真田さんに「野球部に入りたいらしいよ」と伝えてくれました。その時、真田さんの顔が強張ったのがわかりました。

合宿所の応接室に通されたのですが、入部を断られてしまいました。

え？　なんで？

その頃、既に入部希望のほかの1年生は練習に合流していました。合格発表の直後に、集合日が決まっていたのです。野球部側からすると、そんな遅い時期になって、どこの誰かわからないような学生が申し込みに来たというわけです。

さらに、当時は8月に勉強会というのがありました。セレクションではないのですが、入部には勉強会への参加が暗黙の条件になっていました。私はそれを知らず、参加していなかったのです。

真田さんは、諭すように言いました。

「堀井君は勉強会にも来ていないでしょ？　ここではそういう熱意のない学生は4年間、続かないよ。考え直しなさい」

その日は、それで帰りました。帰ったというより、追い返されたと言ったほうがいいかもしれません。私はどうしても納得できませんでした。次の日もまた合宿所を訪れましたが、「何度来ても、同じだよ」と言われました。

真田さんは、その場で私の親にも電話しました。

「息子さんが来ているけど、野球部には内規があるので、入部を認めるわけにはいきません。どうかお引き取りください」

そこまで言われると、引き下がるしかありませんでした。慶應の野球部に入れなくても、他の人生もあるかもしれないな、と思いました。その日に静岡まで戻り、久保監督のご実家である酒店へ行き、事情を説明しました。

「ダメでした。野球部には入れてもらえないようです」

すると、久保監督は強い口調で「あきらめるな！　お前は絶対に慶應の野球部で4年間野球をやれ！」と言いました。

意外でした。久保監督は、3年の夏に私をレギュラーとしては起用しなかった。ご自身が立大で野球をやっておられたので、東京六大学のレベル、慶大のレベルはよくご存じのはず。レギュラーではなかった選手には「そうか、仕方ないな」と言いそうなものです。それなのに、私のお尻を叩いてくれたのです。

それればかりか、久保監督は「ちょっと考えるから、待ってろ」と、親身に言ってくださいました。そして、韮高の野球部長の白石敏樹先生と相談して、慶大の元監督で、韮高に教えにきてくださった上野さんに「なんとか堀井を野球部に入れてもらえないでしょうか」と頼んでくださったのです。韮高OBというわけではなく、たまたま教えにきてくださった。それだけの縁なのに、上野さんは慶大野球部に話を通してくださいました。なんとありがたいことでしょうか。そのおかげで、私は3月末に改めて入部希望を伝えることができました。

返事をもらう前に4月になり、入学式を迎えました。

入学式当日。神奈川県横浜市にある慶大の日吉キャンパスは、体育会やサークルによる新入生の勧誘でごった返していました。これから始まる学生生活への期待と、野球部に入れないかもしれないという不安。複雑な気持ちのままキャンパス内を歩いていると、端艇部（ボート部）の人に「入部しないか？」と誘われました。私の体格を見て、声を掛けてくれたのでしょう。その方はとても親切に端艇部について説明してくださいました。

私は話を聴きましたが、もちろんやりたいのは野球です。「実は今、野球部に入部のお願いをしているところで、返事を待っているんです。もしも断られたら、端艇部にお世話になります」と、返事を保留しました。

その数日後、慶大の野球部から「入部OK」の返事をもらいました。日吉の下宿先に電話があり、「明日、来なさい」と言われました。

翌日、合宿所へ行くと、「明日5時に集合」と言われました。

一時はどうなることかと思いましたが、この一瞬で気持ちが変わりました。よし、いよいよ慶應での野球が始まるぞ。その後、端艇部にはお断りの電話を入れました。

もしも上野さんとの縁がなかったら……。もしも久保監督や白石先生の後押しがなかったら……。私は慶大の野球部員になれていなかったでしょう。

もしかしたら、野球の早慶戦ではなく、早慶レガッタに出場していたかもしれません。そうなっていたら、今頃はどんな人生を歩んでいたんだろう？　いずれにしても、今の私がなかったのは間違いありません。上野さんとの縁は細い糸のようで、強い糸でした。その縁のおかげで、私の野球人生は続くことになりました。

マネジャーの真田さんとの縁は、その後も続いています。現在、愛知淑徳大の教授として経済界でも幅広く活動されていますが、今でも頻繁に食事をご一緒させていただいていますし、真田さんの愛知淑徳大での講義にゲスト講師として招いていただいたこともあります。最初の出会い方はあんな形でしたが、今や何かと私を支援してくださっています。

第2章

期待されては、裏切って

慶大でのスタート

1980年4月。私はようやく慶大野球部の一員になりました。

慶大を率いていた福島敦彦監督は、報徳学園高校の監督として1974年のセンバツでチームを優勝に導いた方。1976年春から慶大の指揮官を務めておられました。全国的な知名度もある名監督の言葉や一挙手一投足から、何でも貪欲に学ぼうと思いました。

同級生には、愛知県立刈谷高校が初めて甲子園に出た時のエースで、後に慶大の主将になる水野英利、長野県丸子実業高校（現・丸子修学館高校）で甲子園に出場した芝田俊之、愛媛県立川之江高校で甲子園に出場した大越俊則といった甲子園球児のほか、「都立の星」と話題になった東京都立東大和高校のエース・鷲海正昭といった実力者たちがいました。

練習中のグラウンドはピリピリした雰囲気で、それこそ無駄口一つ聞けない緊張感が漂っていました。

入部して間もない頃。グラウンドへ向かう道路沿いの地面に、桜の花びらが落ち始めた時期のことです。

私がレフト側のファウルグラウンドで球拾いをしていると、「堀井！」「堀井はどこだ？」と先輩たちが私を探している声が聞こえました。

「はい！」と返事すると、一塁側ベンチを指されたので、慌てて走っていきました。遠くからではどなたに呼ばれたのかわからなかったのですが、一塁側のベンチ付近まで行くと、上野さんだとわかりました。帽子を被り、薄手のコートを羽織られていました。

その隣には、福島監督。お二人の前で直立不動の姿勢になりました。心臓がバクバクする音が聞こえてくるほど緊張していました。

すると、上野さんは優しい口調で私にこんな言葉を掛けてくださいました。

「4年間、頑張りなさい。大学野球はユニフォームを着る、着ないではないから。とにかく一生懸命やりなさい」

ほんの1分ほどの短い時間でしたが、長い時間が経ったように感じました。

上野さんがわざわざ励ましてくださったことに感激しながら、球拾いに戻りました。グラウンドを走りながら、「あの上野さんと話していた1年生は、いったい誰なんだ？」という先輩たちの視線を感じました。

慶大の野球部にとって、上野さんは入ったばかりの1年生が直接お話をさせていただけるような人ではありません。そんな方をはじめ、いろんな方々のお世話になって、ここで野球ができているんだ……。感謝の気持ちがこみ上げてきました。同時に、応援してくださる方々の期待を裏切らないようにしなければいけないと、気持ちを引き締めました。

1年生の間は、とにかく必死に自分ができることをやりました。

当時からずっと心に誓っていたことが、3つあります。

一つは、誰よりも早くグラウンドに出て、誰よりも遅くまで練習すること。

もう一つは、誰よりも大きな声を出すこと。

そして、グラウンド内を移動するときは全力疾走すること。

1年春には新人戦でベンチに入ったのですが、出場機会はなし。秋の新人戦はベンチに入れませんでした。

ただ、1年間やってみて、このまま頑張れば3年生か4年生になればリーグ戦に出られるんじゃないかという手応えを感じていました。

2年生になって迎えた、1981年春のリーグ戦。神宮球場に「東大旋風」が吹きました。この時の東大の主将は大久保裕さん（現・東大助監督）。後に三菱自動車川崎で私の先輩になり、現在はライバルとして神宮の舞台で戦っています。

このシーズンは、慶大は2勝10敗で最下位に終わりました。その結果を受けて、福島監督はチームのテコ入れを図っておられたのだと思います。私にチャンスが訪れました。

6月下旬に、立命館大との招待試合が京都府の西京極球場でナイターで行われました。その遠征メンバーに選ばれ、スタメンで起用されたのです。

よし、やってやるぞ。私は奮い立ちました。

1打席目がライト前ヒット。2打席目が右中間への三塁打。3打席目はレフトフライでしたが、与えられたチャンスで、何とか結果を出すことができました。

その試合後。韮高の野球部の同級生の川崎誠が、私が球場から出てくるのを遅い時間までわざわざ待っていてくれました。

川崎は私と同じように、3年生の春頃までは試合に出ていたのですが、最後の夏の大会になって控えに回った選手。立命館大学に進みましたが野球を続けず、スキー部に入っていました。川崎は「頑張ってるな」と言ってくれましたが、私が慶應のユニフォームを着て試合に出ているのが不思議そうな顔をしていました。

福島監督は秋のリーグ戦のスタメン候補として私に期待して、夏の間に鍛えようとされました。

「お前の課題は守備や！」

福島監督に言われ、真夏の下田グラウンドでひたすら外野の特守をする日々が続きました。

ある日のこと。暑さと疲れでフラフラになりながら、打球を捕ることだけを考えていたら、ダイビングキャッチを試みた時に左肩から地面に落ち、肩を痛めてしまいました。

当時はチームにトレーナーはいませんでしたので、病院に行って診察を受けました。左の肩鎖関節の亜脱臼でした。

翌日。私はグラウンドで福島監督が来られるのを待ちました。福島監督はいつもセンターの入り口から入り、一塁側ベンチへ向かいます。福島監督がグラウンドの真ん中付近まで歩いてこられた時、私は走り寄っていって、ケガについて報告しました。

「おはようございます。昨日、飛び込んだ時に左肩を痛めてしまいました。肩が上がりません」

恐る恐る言うと、福島監督はじっと私の目を見て、言いました。

「そうか。まあええから、ちょっと上げてみいや」

私は、左手を少しだけ上げました。福島監督はそれを見て、素っ気なく言いました。

「上がるやないか」

ハッとしました。福島監督は「無理をしろ」と仰ったわけではありません。言葉にせずとも「そのぐらいなら、なんとかなるぞ」ということ。この瞬間、私は野球の世界の厳しさを思い知りました。

それからしばらくの間、私は左肩の痛みをこらえつつ、打った後は左手を離すなどしてごまかしながらプレーしていました。しかし、思った通りのパフォーマンスは出せず、2年の秋のリーグ戦ではスタメンの構想から外れてしまいました。

せっかくのチャンスなのに、自分の注意力が欠けていたせいでケガをしてしまった悔しさ。福島監督から期待していただいたのに、応えることができない申し訳なさ。いろいろな感情が、心の中で入り混じっていました。

ただ、明大戦で初めてベンチに入る機会をいただき、リーグ戦デビューを果たすことができました。1回戦の9回に二死走者無しの場面で代打として打席に入り、空振り三振でした。


福島監督はこの1981年秋のシーズン限りで退任されました。

私が2年間で福島監督から教わったのは、「野球というのは個人ではなく、チームとして戦うものだ」ということです。韮高の野球部でもいろいろなことを学んできましたが、東京六大学というトップレベルの舞台で、野球の標準を叩き込まれました。

野球はチームスポーツですが、ピッチャー対バッターの勝負では「個」対「個」という面があります。そんな中で「個」を強く押し出すのを良しとする考え方もあるでしょう。でも、福島監督はスタンドプレーを絶対に許さない方でした。組織の中で、個人はどうあるべきなのか。礼儀と礼節も含めて、徹底して指導してくださいました。

それは、大学を卒業して社会に出てからにもつながることです。福島監督は、野球を通してそういう人間教育をされているんだと、学生ながらに感じ取っていました。

「ミッキー・マントルを目指せ」

1981年秋のリーグ戦終了後、福島監督に代わって、前田祐吉監督が就任されました。前田監督は1960年から1965年までの間も指揮を執られており、この時が2期目のスタートでした。1960年秋、当時30歳の青年監督として就任されてすぐに戦われた「早慶6連戦」は、今も名勝負として語り継がれています。

就任される前にも、夏頃からグラウンドに何度も来られていたので、「次は前田さんが監督をやるんじゃないか」という噂は、私たちにも伝わっていました。

就任された前田監督が最初に仰ったのは「バッティングを小さくするな。遠くへ飛ばせ」ということでした。

また、ある日、それまで通りに全員でウォーミングアップをしようとしていると、「自立しろ。一人ひとりで作れ。みんなで揃ってやるな！」と叱られました。「キャッチボールの時は『さあ、行こう』というような声は出さないでいいから、しっかり捕って、すぐに投げろ」とも言われました。12月中は、そうしたいくつかのことを指摘された以外は、練習をじっくりと見守っておられました。

1981年の年末。オフになり、私は地元に帰省しました。帰省した際には母校の練習を手伝っていました。韮高野球部の先輩たちを見習って、私も何か少しでも後輩たちの役に立てればいいなと思っていました。

2年時は、リーグ戦では1打席に立っただけでしたが、新人戦では春は三番、秋は五番として出場していました。私としては、まずまず良いステップを踏んだんじゃないかと思っていました。

私は「指導者として戻ってこい」と言ってくださった韮高野球部OB会長の山口さんが経営されているレストランへ、ご挨拶に伺いました。

その日、お店にたまたま荒川宗一さんが来られていました。荒川さんは掛川中（現・静岡県立掛川西高校）出身で、早大を経て入社した大昭和製紙では1953年の都市対抗で主力打者として活躍して初優勝。その後はプロ（高橋ユニオンズ）でプレーされた方です。荒川さんも何度か韮高に教えに来てくださっていたので、私は「ご無沙汰しております」と挨拶しました。「おお、韮高から慶應に行った堀井か」と私のことを知ってくださっていました。

荒川さんは厳しい表情で私に言いました。

「堀井。お前なあ、韮山でレギュラーにもなれなかったヤツが、神宮でレギュラーになんか、なれるわけねぇんだよ」

私は何も言えませんでした。

荒川さんは東京六大学リーグで86試合に出場して、94安打、55打点という成績を残されています。早大で中心バッターだった矜持もあって、私を戒めてくださったのでしょう。

仰る通りだな。新人戦で三番や五番を打ったからといって、調子に乗っていてはいけない。レギュラーになるのはそれぐらい厳しいことだと、心してやらなきゃいけないな……。荒川さんの言葉と形相が、私の頬をピシャリと叩いて、目を覚ましてくれたように感じました。

おそらく、私は茫然としていたのだと思います。荒川さんが帰られると、山口さんが私にそっと声を掛けてくださいました。

「荒川さんはああいう風に仰ったけど、オレはちょっと違う見方をしているよ。期待してるぞ」

ただの慰めだったのかもしれません。でも、勇気が湧いてきました。

荒川さんの厳しさと、山口さんの優しさ。この日の出来事は、私の心に深く刻まれました。

1982年の1月。年末年始のオフが明けた日、私たちは慶大合宿所の1階の大広間に集まりました。

畳の部屋で、当時の新2年生から新4年生まで合わせて約80人が、お互いの肩が触れるほど詰め合って座っていました。前田監督は、いきなり切り出しました。

「今から、レギュラーを発表する」

その場は静まり返りました。前田監督は何事もないように、一番からオーダーを読み上げ始めました。

しばらくすると「七番・センター、堀井」と、私の名前が呼ばれました。

驚く間も、喜ぶ間もありませんでした。前田監督は続けざまに「野手のレギュラー8人は、この場に残れ」と仰いました。

他の選手たちがぞろぞろと大広間から出ていく中で、前田監督はレギュラーとして名前を挙げた選手一人ひとりについて「この2カ月間、君を見てきた。オレはこう思う」と話されました。そのうえで、各自が1月の自主トレ期間中にどういう意図をもってどんな練習をすればいいのか、ポイントを指示していきました。

前田監督は、私には「スイッチヒッターをやれ」と言いました。

スイッチヒッター！　こんなことがあるのか、これも何かの縁に違いない。そう思いました。

「堀井、お前はいつから左打ちにしたんだ？」「高校1年の秋からです」

「お前のバッティングを見る限り、どうも左ピッチャーを打てそうにないとオレは思う。左ピッチャーは、右で打て。ミッキー・マントルを目指せ」

ミッキー・マントルは、1950年代から1960年代にニューヨーク・ヤンキースで活躍した選手。スイッチヒッターとしては史上最多の通算536本塁打を打った大打者です。当時からアメリカの野球やメジャー・リーグに詳しかった前田監督らしい目標でした。

その頃の日本で活躍していたスイッチヒッターには、広島カープの高橋慶彦さんを筆頭にアベレージヒッターが多かったのですが、「左右でホームランを打てるバッターになれ」と言われました。

その年の春のリーグ戦では、開幕で立大と対戦する予定になっていました。相手エースは左腕の野口裕美さん。1982年のドラフトで3球団から1位指名を受け、西武に入団することになる好投手です。

前田監督は「開幕で野口を打つために、今から練習する」とみんなに言いました。そして、私には「右打席で野口を打てるレベルまでやってくれ」と言いました。

1月の間、私はマシンを使った打撃練習で右打席でも左打席でも打ち込みました。上野さん、久保監督、白石先生、山口さん、荒川さん、そして両親。支えてくださる方、応援してくださる方、叱咤してくださる方の顔を思い浮かべながら、ひたすらバットを振り続けました。自主トレ期間ですので、前田監督はグラウンドには来ておられませんでした。それなのに、ある日、前田監督から合宿所に電話が掛かってきました。「グリップをもう少し高くしろ」。きっと、どこか遠くから見ておられたのでしょう。

2月に全体練習がスタート。3月上旬に高知県へ春季キャンプに行きました。

その頃から、だんだん私のメッキが剥がれ始めます。前田監督も私がたいした選手ではないとわかったようで、レギュラーではなくなりました。右打席をものにするのは、簡単ではありませんでした。ミッキー・マントルはさすがに無理があった。前田監督の期待に応えるには、実力が足りませんでした。

3年春のリーグ戦では開幕当初はベンチを外れましたが、その後の明大2回戦で8回に代打として出場機会を得ました。結果はキャッチャーへのファウルフライ。3年春のシーズンは、その1打席で終わりました。

3年の秋は東大戦だけベンチに入ったのですが、出場機会はありませんでした。

この1982年秋の早慶戦では、早大に勝ち点5の完全優勝を決められてしまいました。試合には出られず、優勝もできず、目の前で宿敵・早稲田が神宮のグラウンドで胴上げするのを見せつけられました。三塁側スタンドの上のほうから見ていた私は、悔しさとともにそのシーンをしっかりと目に焼き付けました。

早大にとっては大学創立100周年の節目の年の優勝。当時の東京六大学は法大と明大の黄金時代。その中で、この年の早稲田は安部嘉弘主将を中心にまとまりがあるいいチームでした。慶大は4位でしたが、「早稲田にできるなら、オレたちもできるはずだ」とライバル心を燃やしました。

その頃の私は、3年間の実績から選手としての限界を感じていました。2年の夏には福島監督に期待されながら、左肩のケガでダメだった。3年の春も前田監督に期待されながら、力不足だった。結局、期待されては裏切って、3年間が終わってしまった。たまたま監督が代わったから2度目のチャンスがありましたが、普通なら私のような立場の選手が、そう何度もチャンスをもらえるはずがない。2度目はあったけど、3度目はないだろう。入部時の紆余曲折もありながら、神宮で打席にも立てた。いい経験をしたよな……。そんな思いがありました。

山口さんの「指導者として戻ってこい」という言葉もあったので、4年生になったら新人監督になりたいと考えるようになっていました。その経験は、いつか指導者になった時に絶対に役に立つはずだ、と。

ただ、新人監督にはなれませんでした。引退する4年生の先輩たちが3年生の中から1人を指名する形で決めていたのですが、指名されたのは猿田隆でした。

新人監督が猿田に決まった後、私は4年生の岡田健治さんに、「僕、実は新人監督になりたかったんですよ」とそっと打ち明けました。岡田さんは掛川西高校出身。同郷ということで、何かとお世話になっていました。

その時、岡田さんは私に言いました。

「何言ってるんだよ、堀井。お前は選手だよ。選手として頑張れよ」

4年生の方はそういう風に見ておられるのかと、意外に思いました。

この岡田さんの励ましに続いて、早慶戦が終わった夜の、綿田さんの「アメリカ遠征のメンバー候補だぞ。温情なんかじゃないぞ」という言葉。二段ロケット方式で、背中を強く押されました。まだまだ選手として頑張ろう。そこからさらに気持ちが入りました。

11月、12月、1月と、また必死に練習しました。当時は室内練習場がなかったので、合宿所の横にあるブルペンで、ネットに向かってティー打撃をしました。そこには照明があったので、1学年下の橋本良祐に手伝ってもらいながら、来る日も来る日も夜遅くまで打ち込みました。合宿所の周りは、夜はとても静かです。そこに打球音が響いていました。

後日談ですが、その期間に私が毎晩練習に付き合わせたせいで、橋本は留年してしまいました。後輩にかなり迷惑をかけてしまったと、申し訳ない気持ちでいっぱいです。

野球は一人ではできない。たとえ練習であっても、周りの人の協力や支えがあってこそできる。つくづくそう思います。

刺激を受けたアメリカ遠征

1983年の2月。アメリカ遠征のメンバーになんとか入ることができました。おそらく最後の一人か二人として滑り込んだ形だったのではないかと思います。

このアメリカ遠征は、前田監督の強い要望で実現しました。前田監督が三田倶楽部（野球部OB会）の会長である牧野直隆さん（当時の日本高等学校野球連盟会長）に「アメリカへ遠征に行きたい」と話すと、牧野さんの第一声は「こんな弱い時に行くのか？　優勝もしてないのに」でした。そこで前田さんは「弱いからこそ、行くんです」と間髪入れずに答えたそうです。

出発前には池井教授が合宿所に来てくださって、アメリカの野球についてレクチャーを受けました。その段階で私も興味が湧き、すべてが勉強だ、吸収して帰ってこようと意気込みました。

巨人の在米スカウトとしてロサンゼルスに在住していたリチャード・脊古さんがコーディネートしてくださり、UCLA（カリフォルニア大学ロサンゼルス校）がホスト役を務めてくれて、ロサンゼルスで13試合を行いました。

遠征中に印象に残ったのは、野球に対する姿勢でした。UCLAのヘッドコーチのゲーリー・アダムズさんは走塁の練習で、ユニフォーム姿で自らヘッドスライディングをして帰塁の見本を示していました。グラウンドが雨でぬかるんでいたので、泥だらけになっていました。そこまでするのか……。指揮官の情熱に心を打たれました。

アメリカの選手はガムを噛みながらプレーしているイメージがありましたが、そんなことはまったくありませんでした。グラウンドの中では全員が帽子をちゃんと被っているし、ユニフォームの着こなしもきちんとしていて、カッコいい。試合中の攻守交代は全力疾走でした。あらゆる場面で、ファイティングスピリットや対戦相手に対するリスペクトが感じられました。

アメリカはスポーツ大国と言われ、野球の歴史も長い。そういう背景や天然芝の球場、立派なウエート・トレーニング施設なども含めて、見るもの、触れるものすべてが刺激になりました。

ある試合で、試合前に前田監督が対戦相手のヘッドコーチとメンバー表を交換して握手をした時、「Let's enjoy」と声を掛けられたそうです。

前田監督は、この遠征中に肌で感じたアメリカの野球と、「エンジョイ」という言葉がきっかけで、ご自身が提唱する野球を「エンジョイベースボール」と呼ぶようになりました。

この遠征の技術面の成果としては、まずピッチャーが大きく変わったと思います。

1959年から1963年まで近鉄で活躍したグレン・ミケンズさんがUCLAのピッチングコーチでした。ミケンズ氏は「とにかくボールを動かせ。90マイル（約145キロ）以上出るならフォーシームでもいいけど、130キロ台のピッチャーがどうやってフォーシームで抑えるんだ？　ストレートも全部変化させろ」と教えてくれました。当時の日本には、まだ「ムービング・ファストボール」の考え方は入ってきていませんでしたので、革新的な教えでした。

同級生の永田博幸はアメリカ遠征には私と同じように滑り込みでメンバー入りした、リーグ戦未勝利の投手だったのですが、ムービング・ファストボールを習得してこの年に一躍エースとなり、年間6勝を挙げるまでに成長しました。

打撃では、フルスイングの重要性を改めて学びました。バッティングコーチのケン・ゲイロードさんは、「チン・ダウン（顎を引け）」とか「トマホークを叩き下ろすように高めの球を打て」と、具体的な言葉を使って教えてくれました。私は「ダウンスイング」と言われるより、「トマホークを叩き下ろせ」と言われたほうが、しっくりくる感じがしました。おそらく、他のみんなもそうだったと思います。帰国後、バッターはみんな、それまで以上にしっかり振れるようになりました。

遠征中、リチャードさんがゲーリー・アダムズヘッドコーチに「この中で一人欲しいとしたら、誰だ？」と訊くと、「ホリイだ。こういう不器用だけど力がある選手が、アメリカでは受けるんだ」と言ってくれたそうです。リチャードさんがそれを前田監督に伝えたところ、前田監督は私を代打や指名打者で起用してくれるようになりました。

4年生の春のリーグ戦では、常にベンチに入りました。

立大1回戦では7回に代打で出場して、ライト前へヒットを打ちました。リーグ戦3打席目での初ヒット。それがきっかけで、その後も代打として出場機会を得ました。

打席の内容がよかったことが、早大3回戦につながります。

早大2回戦の試合後。合宿所に帰ると、ベンチ入りメンバー全員が大広間に集合しました。そこで、前田監督が3回戦のスタメンを発表しました。

「六番、レフト、堀井」

ついに来た！　初スタメン！

ところが、前田監督はこう続けました。

「お前は最初で最後のスタメンだから、とにかく悔いがないようにやれ」

え？　まだ秋もあるのに？　スタメンで出られるのはもちろん嬉しい。嬉しいけど、そこまで限定しなくてもいいのに……。そんなことを言われなくても、一生懸命やるのに……。

冷静になれば、前田監督なりに「開き直ってやれ」とか「背伸びせず、身の丈に合わせてやれ」ということを伝えたかったのだろうと想像できます。でも、その時は複雑な心境でした。

ともかく、明日の試合にスタメンで出られる。私は興奮していました。

私は試合前日や試合前は緊張してしまうタイプです。ぐっすり眠れるように、カップ酒を1杯だけ飲んでから寝ました。それはおまじないみたいなもので、試合前日の夜にはいつもそうしていました。

迎えた早大3回戦。私は試合前までは緊張していましたが、いざ試合が始まると落ち着いて、集中できていました。

第1打席は初回の一死一、二塁で回ってきました。

右投手の岩下雅人が投げた、高めのスライダー。トマホークを叩き下ろすように打ちました。いい感触だ、でも正面か！　そう思った瞬間、ライトを守っていた永尾秀司が一歩前に出た後、足を滑らせたのが見えました。打球は彼の頭上を越え、二塁打になりました。

やったぞ！　二塁ベース上で、感情が高まりました。第1打席で結果を出すのはなかなか難しいもの。そこで打てたことで、誇らしい気持ちになりました。

しかし、その試合の2打席目は回ってきませんでした。相手投手が左の木暮洋に代わったので、私に代わって3年生の右打者・林茂智を代打に出されてしまったのです。その頃はもう右で打つ練習はしておらず、左に専念していました。前田監督は「堀井は左投手を打てない」という判断をしたということでしょう。

やはり、そのくらいの評価なのか……。ただ、そこには前田監督の「調子に乗るんじゃないぞ」

「身の丈に合わせてやれ。右投手から打てばいいんだ」というメッセージが込められていたように思います。

この試合は6対2で勝ち、早稲田から勝ち点を奪いました。7勝6敗1分け、勝ち点3で3位。これは秋に繋がるぞ、という満足感で4年春のシーズンを終えました。


春のシーズン終了後。私と林、3年生の左打者・橋本守世の3人が、前田監督に呼ばれました。前田監督は、私たちに「秋は3人でレフトを争え」と告げました。

春の結果から、秋は自分がレギュラーになれると思っていました。しかたない、やはりそういう立場だよなと、自分で自分を納得させました。

ただ、私一人を呼んで「林、橋本との競争だぞ」と仰るならともかく、下級生の2人と一緒に呼ばれたことは心外でした。同じレベルで扱わないでほしい。そういうプライドも芽生え始めていました。

後輩とのレギュラー争いに負けてたまるか。夏の間、ひたすらバットを振り込んだり、もう限界だというほどノックを受けたりと、死に物狂いで練習しました。

入部した時に心に誓ったように、誰よりも早くグラウンドに出て、誰よりも遅くまでグラウンドにいました。特に同級生の芝田とは、毎晩一緒にグラウンドで素振りをしていました。五番を打っていた彼とは、合宿所で同部屋でした。

当時のグラウンドは全面が土だったので、私も芝田もスパイクを履いて素振りをしていました。夜8時過ぎ。芝田がバットを持って部屋を出ていくと、私も後に続く。私が先に出れば、芝田も付いてくる。合宿所から出て、アスファルトの道でスパイクの音をカチャカチャと立てながらグラウンドまで歩く。

ブンッ、ブンッ、ブンッ。他に誰もいない真っ暗なグラウンドに、バットが空を切る音が鳴る。二人で黙々とバットを振り、お互いに相手が止めるまで止めない。そんな毎日でした。


その一方で、卒業後の進路についても考えなければなりませんでした。教師になって野球の指導者になりたいという気持ちと、社会人で野球を続けたいという気持ちがありました。

7月に静岡県の教員採用試験（高校社会科）を受けたのですが、勉強不足で歯が立たず、不合格でした。社会人野球の道も模索していましたが、なかなか話がまとまりませんでした。日本石油がダメ、日立製作所がダメ、三菱重工横浜もダメ……。

ある日、私は野球部の同期の堀内学に、ため息まじりに言いました。

「社会人で野球やりたいんだけど、オレくらいの実績じゃあ、なかなかないよな」

すると、堀内が言いました。

「じゃあ、オレの親父から、知り合いに聞いてみてもらおうか？」

堀内のお父様は野球が大好きな方で、ある研修施設の管理人をされていました。そこで三菱自動車が社員研修をしていて、堀内のお父様は人事課長をよく知っている。その人は昔、野球をやっていた。堀内からそう聞きました。

友人のお父様の知り合い。ただそれだけの、伝手ともコネとも言えない関係性です。期待できるとは思えません。ダメでもともと。藁にも縋る思いとは、このことです。私は堀内に「よろしく頼む」とお願いしました。

「まずは履歴書を送ってほしい」とのことだったので送ると、すぐに連絡がありました。

東京都港区の三菱自動車本社ビルで、人事課長の足達益三さん、係長の高橋幸男さん（現在の姓は松久）にお会いしました。

足達さんは三菱自動車水島の三塁手だった方。高橋さんは早大のラグビー蹴球部出身で、のちに1991年から早大のラグビー蹴球部の監督を務められる方です。

「堀内さんから紹介を受けた、堀井と申します」

挨拶すると、足達さんは私に訊きました。

「堀井君は慶應で野球をやっているそうだけど、サークルなのか？　体育会なのか？」

「体育会です。今春の早慶戦にも出場しました」

「それなら入社試験を受けなさい。受かれば川崎、名古屋、京都、水島のうち、どこかで野球をしてもらうから」

筆記試験と面接を受けた結果、内定をいただきました。ただ、足達さんからは「京都には関西学院大の川原崎哲也君が決まっているが、君は野球をどこでやるかは、まだわからない。各チームの編成もあるから、少し待ってくれ」と言われました。

7月末には、都市対抗野球に出場していた三菱自動車川崎、三菱自動車京都の試合を見に後楽園球場へ行きました。

川崎対電電四国の1回戦は、一塁側スタンドの上のほうから京都対日本鋼管の2回戦と、川崎対松下電器の2回戦は三塁側スタンドの上のほうから見ました。

応援団の熱気。観客席を埋めた社員や関係者の方々の大歓声と鳴りやまない拍手。それに応えようと、会社の看板を背負いながら必死でプレーする選手たち。観客席からその光景を見つめながら、私は球縁について考えていました。

慶大の野球部に導いてくださった上野さんとの縁と比べると、三菱自動車との縁はさらに遠い遠い縁でした。

堀内は1年時から私の野球に対する姿勢を見てくれていて、それをお父様に伝えてくれたんだろうな。お父様はその話を聞いて、「それなら一肌脱いでやろう」と思ってくださったに違いない。堀内のお父様が足達さんに何と言ってくださったのかはわからないけど、そのおかげで遠い縁が奇跡的につながって、社会人で野球を続けられることになった。本当にありがたいことだな。恩返しなんて簡単にはできないけど、まずは学生最後の秋を悔いなく終えよう。

私はそう心に誓うと、その日も合宿所に帰ってから、夜遅くまでバットを振りました。

ところが——。それから間もなく、8月に入るとまたケガをしてしまいました。ベースランニングの練習中、ベースを蹴って急角度で曲がった瞬間、左の太ももを肉離れしたのです。診断の結果は全治2カ月。秋はダメかもしれないと思いましたが、あきらめられるはずなどありません。2週間ほどすると、何とかバッティングだけはできるようになりました。

8月末。4年に1度の名古屋でのオール早慶戦が愛知県名古屋市で開催され、私は代打として出場することができました。

試合はナゴヤ球場でのナイターで行われ、スタンドは満員でした。

私はその打席で、ライト前に決勝打を打ちました。スタンドからは、大歓声。私は一塁ベース上で、そのすごさにしびれました。

試合後、名古屋市内のホテルで両チームの激励会が開かれました。その時、私は誰かに後ろから両肩を叩かれました。

「堀井、ナイスバッティング！」

びっくりして振り返ると、OBの広野功さんでした。広野さんは慶大在学中にリーグ戦で3回優勝。長嶋茂雄さんと並ぶ通算8本塁打（当時のリーグタイ記録）を打ち、卒業後は中日、西鉄、巨人で活躍された偉大な先輩です。当時は中日で二軍打撃コーチをされていました。雲の上の人に自分の名前を呼んでいただけるなんて……。試合を決める一打を打つというのは、こういうことなんだなと思いました。


その頃、前田監督の私の扱い方にちょっとした変化がありました。

秋のシーズンに向けた、オープン戦最終日。朝日生命戦の試合前に、前田監督は選手たちに言ってくださったのです。

「堀井はまだ100パーセントでは走れない。だから、走塁とか守備を100パーセントではやらないということを、みんなは理解してくれ。今ここで無理をしてケガしたら、もう秋のシーズンが終わってしまうから」

前田監督が初めて配慮をしてくれました。みんなの前でこうでも言っておかないと、私が無理をして、またケガをするんじゃないかと心配してくれたのでしょう。

その日はダブルヘッダーだったのですが、第1試合で3安打を打ち、第2試合は大事を取って出場せず。絶好調で学生最後のリーグ戦に入りました。

開幕の立大1回戦では「六番・レフト」でスタメン出場。9回に1点勝ち越した後に左中間へ二塁打を打ち、4対2で勝ちました。

続く2回戦も「六番・レフト」で出場しました。

0対3で迎えた7回。この回先頭の代打・橋本守世がライトにソロホームランを打ちました。よし、これでいける。ここから反撃だ。そう思う反面、前田監督から「3人で争え」と言われたライバルがホームランを打ったわけです。しかも代打で。複雑な心境でした。

それでも、まずはこの試合で勝つことだとすぐに切り替えました。

すると、その後も攻撃が続きます。一死一、二塁から四番の仲沢伸一（元・東京ガス監督）が四球で満塁とした後、芝田がセンター前へ2点タイムリーを打ち、同点。なお一死一、二塁で私に打席が回ってきました。

相手投手は立大のエース・窪田雅也。球の速いピッチャーでした。

私は打席に入り、構えました。

「こんなところで凡打するわけには、いかねぇんだよ！」

思わず声に出してしまいました。その時の捕手は、後にトヨタ自動車に進んで監督を務める広瀬寛。おそらく、彼には聞こえていたと思います。

真ん中高め、ボール気味のストレート。トマホークを叩き下ろすようにフルスイングすると、打球はライトスタンドへ飛び込んでいきました。

勝ち越し3ラン！　見たか、オレがレギュラーだ！　こぶしを力いっぱい握り、ダイヤモンドを一周しました。

この時、立大のセンターを守っていたのが、韮高の同級生の木村でした。「打球が死んでるぞ」と言って、私が左打ちに変えるきっかけを作った男です。彼の目の前でリーグ戦初ホームランを打ったのも、何かの球縁かもしれません。

木村は後に大昭和製紙に進み、日本製紙石巻の監督になりました。私がＪＲ東日本の監督を務めていた２０１３年の都市対抗では、準々決勝で監督同士として対戦しました（4対0でＪＲ東日本の勝利）。野球の名門校ならともかく、韮高のチームメートが東京六大学と都市対抗の舞台で対戦するなんて、よほどの球縁だと思います。

この鬼気迫るホームランで、立大に6対4で勝利。試合後、神宮球場のベンチ裏で報道陣に囲まれて取材を受けました。

私の横で取材に答えている前田監督の話に聞き耳を立てていると、「堀井もよく打ったけど、その前の仲沢が四球でつないで、芝田がタイムリーを打ったから、堀井が楽に打席に入れたんだ」と聞こえてきました。

そうだ。オレは橋本がホームランを打ったことで、アイツには負けられないと自分のことだけ考えていたけど、チームプレーってことなんだな。前田監督の談話で、その大事さを改めて感じました。

次の日。三菱自動車の人事部の高橋さんから電話がありました。

「川崎で野球やることに決まったぞ」

この立大2回戦の勝ち越し3ランは、私の野球人生の進む先を決める、大きな一発になりました。

最後に掴んだレギュラーの座

立大に連勝して勝ち点を奪うと、続く法大1回戦に2対1で勝利（8回降雨コールド）。2回戦が雨で順延となり、先に行われた東大戦でも連勝して、5連勝となりました。

法大2回戦では3対7で敗戦。1勝1敗で、優勝を争う上で大事な法大3回戦を迎えました。

7対5と2点リードで迎えた9回裏の守備。私は7回に交代して、ベンチにいました。その時、法大の選手たちの目つきが変わったのがわかりました。

このままスンナリとはいかないかもしれないと感じていると、法大の猛反撃が始まります。先頭の代打・高田誠（元・巨人）がセンター前ヒットで出塁すると、満塁から小早川毅彦（元・広島ほか）のセカンドゴロの間に1点を返されました。さらに満塁となってから、最後は飯田孝雄（現・東京経済大監督）にライト前へ2点タイムリーを打たれて、7対8でサヨナラ負け。サヨナラのホームを踏んだのが、主将の銚子利夫（元・大洋ほか）でした。法大の選手たちの底力をまざまざと見せつけられました。

この試合の結果、自力優勝の可能性がなくなりました。

ただ、法大との3試合ではPL学園高時代に1981年の春のセンバツで優勝投手になった2年生左腕の西川佳明（元・南海ホークスほか）から2回戦の2回にセンター前ヒット、浜松商業のエースとして1978年のセンバツを制した樽井徹から3回戦の2回に右中間へ二塁打、この秋に通算30勝目を挙げることになるエース右腕の和田護から3回戦の3回にセンター前ヒットと、打撃好調をキープしました。

次の相手は明大。4年生に田中武宏（現・明大監督）、3年生に善波達也（元・明大監督）、広澤克実（元・ヤクルトほか）がいました。明大戦では1勝2敗で勝ち点を落とし、優勝の可能性がなくなりました。

早稲田が前年秋に優勝したのを見て、なんとか自分たちも……と優勝を目指してきましたが、果たせませんでした。

明大3回戦の試合後、私はベンチ裏で号泣しました。

高校3年の夏の静岡大会で負けた後も泣きましたが、あの時とは涙の意味が大きく異なっていました。

高校3年の夏は、自分が試合に出られずに高校野球が終わったという涙でした。この時の涙は、優勝を逃した悔し涙。4年の秋になって、初めてレギュラーとしてチームのみんなの思いを背負って試合に出ていた。だからこそ、感じられた悔しさであり、流せた涙でした。

私は、確かに努力するのが得意でした。しかし、この秋にチームのためにプレーした経験がないままだと、独りよがりの努力で終わっていたと思います。慶應のユニフォームを着て神宮のグラウンドに立つ責任、チームを背負う責任がどんなものか、初めて身に染みてわかりました。私の野球人生にとって、大きな意味がありました。

いよいよ残すは早慶戦のみ。しかし、早大1回戦ではスタメンを外されてしまいました。8回に一死二、三塁の場面で代打で出場して、セカンドゴロ。3対5で初戦を落としてしまいました。

2回戦では「五番・レフト」でスタメンに復帰しました。

初回の一死満塁で迎えた第1打席。春の早慶戦と同じく岩下が投げた高めのスライダーを振り抜くと、右中間を抜ける走者一掃の先制二塁打になりました。

この試合では、5回にも一死満塁から遊ゴロを打って1打点。4対3で勝ち、1勝1敗としました。

3回戦。泣いても笑っても学生最後の試合です。相手の先発は左腕の木暮でしたが、「六番・レフト」でスタメン出場しました。

ノーヒットに終わりましたが、フル出場しました。それまでは最後に守備固めの選手に交代させられることが多かったので、私は8回にも、9回にもレフトの守備に就く前に、綿田助監督に「ホントに僕でいいんですか?」と確認しました。

レフトを守っていて、涙が出そうになるほど嬉しかった。学生最後の試合で前田監督が9回まで守らせてくださったのは、「社会人でもしっかり頑張れよ」というエールだったと思います。

試合は5対1で勝利。宿敵・早稲田から勝ち点を奪い、勝ち点3の2位になって4年間を締めくくりました。

ゲームセットの瞬間、レフトの守備位置から走っていき、整列しました。

礼をした後、三塁側の応援席に挨拶するためにベンチ前に並んだ時、左隣にいた2学年後輩の四番打者・仲沢が両手で私の両肩をポンと叩いて「堀井さん、やりましたね」と言ってくれました。1学年下の遊撃手・上田和明（元・巨人）も「お疲れさまでした」と声を掛けてくれました。

それを聞いて、自分でも自分にそう言ってあげたいと思いました。いったん入部を断られた選手が、神宮で試合に出られるようになるなんて。「レギュラーになんかなれるわけない」と言われた選手が、最後の最後にレギュラーになれるなんて。

誇らしい気持ちになりながら、やはりいろいろな方々との球縁があり、応援や支えがあったからこそだと、感謝の気持ちでいっぱいでした。

第3章　七転び八起き

社会人野球の世界へ

4年秋のリーグ戦が終わった後、11月下旬から三菱自動車川崎の練習に合流しました。社会人で野球が続けられることになって、教員になることは頭から離れてしまいました。静岡県立伊豆中央高校へ教育実習にも行ったので、あとは教職課程の残りの何単位かを取得すれば教員免許状を取得できたのに、そのままにしてしまった。卒業に必要な最低限の単位だけを取り、社会人の練習に加わりました。

年が明け、1984年の1月末までの約2カ月間は、ランニングとトレーニングが中心。しっかり体を作るための期間でした。

同い年の吉田康夫が気を遣って、キャッチボールの相手をしてくれました。吉田は高卒入社で5年目のキャッチャー。私は吉田が投げるボールの回転の良さに驚き、これが社会人のレギュラーなんだと思い知りました。彼はその年のロス五輪で日本代表の正捕手として金メダルの獲得に貢献し、1985年のドラフトで阪神に入りました。

2月になり本格的な練習が始まる時に、垣野多鶴監督から「ファーストをやれ」と言われました。

当時、垣野監督はファースト兼任のプレーイングマネジャーでした。「慶應でレギュラーだった。

たんだから、ちょっと頑張れば将来は内野も外野も守れるオールラウンドプレーヤーとしてできるだろう」と期待してくださったのでしょう。

三菱自動車川崎のグラウンドの隣に、サブグラウンドがありました。そこで内野のノックを受けました。ピッチャー陣と一緒に受けたのですが、みんなうまい。これはちょっとヤバいなと思っていました。

案の定、3日目の練習が終わると、新井孝行コーチから「堀井、明日から外野でいいよ」と告げられました。

内野手を3日でクビになった。外野に戻れることにホッとした気持ちもありましたが、それ以上に、期待を裏切ってしまったと思いました。

チームメートには、吉田の他にも高卒で入社してきた強者が揃っていました。いわゆる叩き上げの選手ばかり。大卒の選手よりも先に社会に出てきた自負もあるでしょうし、野球に対する自信もあるでしょう。そんな人たちに囲まれて、気後れしていました。

私は大学の最後にようやくレギュラーになったレベルの選手です。内野も3日でクビになり、最初に躓《つまづ》いて転んでしまったようなものでした。

ここでやっていけるんだろうか。仕事として野球をやるのは、やはり大変なことなんだな。毎日の練習はするし、寮に帰ってからも自主的に素振りもしましたが、あまり気持ちは乗っていませんでした。以前から付けていた野球日誌も、その頃からあまり付けなくなってしまいました。

3月のJABA東京スポニチ大会では、2回戦の熊谷組戦で代打で起用されました。相手ピッチャーの加治太さんのフォークを見た時、これはレベルが違うなと思いました。かろうじてバットに当てて、ファーストゴロ。社会人ではこんな球を打たなくちゃいけないのか。社会人野球の公式戦初打席で、技術的な壁を感じました。

入社1年目の都市対抗神奈川二次予選。当時は三菱自動車川崎、東芝（川崎市）、日本鋼管（川崎市）、日本石油（横浜市）、三菱重工横浜（横浜市）、日産自動車（横須賀市）、いすゞ自動車（藤沢市）の7つの企業チームを中心に、3つの代表枠をかけて熾烈な争いをしていました。この年は前年の都市対抗で優勝した東芝が推薦で出場権を得ていましたので、その他のチームで3つの椅子をかけて戦いました。

1回戦の全川崎クラブ戦ではリードした終盤に代打で起用されました。ところが、相手の投手が左ピッチャーに交代。そこで代打の代打を出されてしまいました。

川崎球場で行われた、日本鋼管との第一代表決定戦。7対2で勝ち、都市対抗出場を決めました。私は出場機会がなく、ベンチにいました。

ゲームセットの瞬間、三塁側のスタンドを埋め尽くしていた社員や関係者のみなさんから一斉に色とりどりの紙テープが投げ込まれました。同時に、私は真っ先にベンチから飛び出していきました。自分が試合に出られなくても、チームが2年連続で都市対抗出場を決めたのが嬉しかったのです。

都市対抗でのタイムリーヒット

7月末から始まる都市対抗を前に、川崎工場の中庭で壮行会が開かれました。トラック2台の後ろと後ろを合わせて、その荷台の上に選手が並びました。川崎工場には、5000人を超える従業員がいました。全員とは言わないまでも、ほとんどの方が中庭に詰めかけたり、建物の窓から顔を出したりしてくれていました。出場選手の名前が一人ずつ紹介されると、その選手と同じ職場の人たちがものすごく盛り上がりました。

その日に限らず、工場内では大勢の方が野球部を応援してくれていました。

私は業務課で生産管理の仕事をしていたのですが、課内の人はもちろん、私が知らない他部署の方も「おう、野球部。頑張れよ」と声を掛けてくださいました。慶大でも学生や卒業生のみなさんが野球部を応援してくれるのを感じましたが、それ以上に応援に熱がこもっていました。工場の方々からすると、「オレたちは自動車を作っている。お前たちは野球をやっている。だから頑張れよ。負けるなよ」という気持ちだったのだと思います。

迎えた都市対抗。7月24日に後楽園球場で行われた1回戦の相手は日本生命でした。立ち上がりに2点を先制しましたが、3回と4回に計7点を取られました。

4点を追う6回。二死一、二塁の場面で、私は代打で起用されました。相手ピッチャーは早瀬万豊さん（現・関西大監督）。追い込まれた後、フォークをライト線に運ぶタイムリーヒットを打ちました。

これが反撃の狼煙になってこの回に1点差まで迫ると、8回に同点に追いつき、延長の末に8対7で逆転勝ちしました。

やっとプレーでチームに貢献できた。社会人野球の世界に入って、初めて充実感を覚えました。先輩方も「ナイスバッティング！」と褒めてくれました。私が社会人で野球をする上で、立ち直るきっかけになる一打でした。

この日の夜から、私は野球日誌を再開しています。そこには「やっと大学時代の勝負強さが戻った」と書きました。

2回戦で電電北海道に11対4で勝ち、準々決勝では日本楽器（現・ヤマハ）と対戦しました。

この試合では、3対3の同点で迎えた延長10回に代打で起用されました。ピッチャーは高田博久。私と同い年で、のちに日本ハムに入団するアンダースロー右腕です。

この大会直前、日本鋼管のグラウンド（神奈川県川崎市）で日本楽器とオープン戦をしていました。私は高田のスライダーをとらえ、右中間に大きな当たりを打っていました。後楽園球場ならフェンスを越えているような打球でした。

私はスライダーを待っていました。どこかであの球を投げてくるだろう。また打ってやる。直球が2球続き、2ストライクに追い込まれました。次の球。スライダーではなく、高めの直球でした。アンダースロー特有の浮き上がるような球筋に、空振り三振でした。相手のほうが一枚上。またスライダーで勝負してくるというのは、大学生レベルの甘い考えでしかありませんでした。

その裏にサヨナラホームランを打たれ、3対4で敗れました。

1年目の都市対抗にはこの打席での苦い思い出もありましたが、勝負所のいい場面で使ってもらったことで高揚感がありました。

仕事として野球をやる。それを応援してくれる人がたくさんいる。応援に応えるために、グラウンドで真剣に取り組む。試合ではチームが勝つために自分ができることを精一杯やる。そんな社会人野球の魅力に憑りつかれました。

もしプレーで結果を出していなかったら、そこまでの気持ちになれたかどうか、わかりません。技術の壁、プレッシャー、責任。いろいろな厳しさを感じながらも、少しではあるけどチームに貢献できた。ものすごく自信になり、やりがいを感じました。

先輩方からは、社会人野球の厳しさを教わりました。

特にショートを守っていた大須賀康浩さんは法大出身で同じ東京六大学リーグの先輩ということもあり、何かとよくしてくださいました。

ある日、お風呂に入っていると、大須賀さんが諭すように言いました。

「社会人野球は神宮でチョロチョロ遊んでいるのとは違うんだぞ。仕事でやってるんだ。1球目からちゃんとやらないと。『2球目、3球目でできるんだったら、1球目でやれ』と言われるぞ」

こうして1年目で仕事として野球をするやりがいや厳しさに気付けたことが、その後の野球人生の原動力になりました。


とはいえ、1年目の終わり頃には、今のままでは社会人でレギュラーを獲るのは難しいんじゃないかと考えていました。

そんな中で、報知新聞社が出版している雑誌『報知高校野球』に連載されていた村上豊さんの

「科学する野球」を読み、興味を持ちました。

その打撃理論はトンカチでクギを打つように腕を使う、いわゆる「空手打法」。ダウンスイングを否定するなど、当時としては革新的な考え方でした。

偶然、垣野監督も村上さんの理論を勉強しており、川崎の合宿所に村上さんを招きました。合宿所の食堂で村上さんが「こうやって打つんだ」と実演しながら空手打法を指導してくださいました。

私は2年先輩の角晃司さん（現・仙台城南高校監督）と一緒に、率先して身に付けようと努力しました。

失うものは何もない。いいと思ったものは、何でも取り入れてみよう。この打法がオレの道なんだ。そんな気持ちでした。11月、12月、1月と必死にバットを振っていると、だんだんバッティングが良くなっていくのがわかりました。

逃した千載一遇のチャンス

社会人2年目の1985年のシーズンに入ると、垣野監督は私を三番で起用してくれるようになりました。

4月後半に開催されたJABA岡山大会。2回戦の西濃運輸戦では「三番・ライト」で出場しました。試合の中盤、打席に相手のピッチャーだった吉井憲治（現・セガサミー投手コーチ）が入りました。当時は指名打者制ではなくピッチャーも打席に入っていたのですが、吉井はバッティングもいい選手でした。

するとセカンドを守っていた松野章男さんが私に「コイツはバッティングがいいから、もっと下がれ」と言いました。

セカンドの松野さんとショートの大須賀さんの二遊間と言えば、プロよりうまいんじゃないかというレベルでした。その松野さんの指示を、私はスルーしてしまいました。

いやいや、それほど気を遣うバッターじゃないだろう。そう思っていると、ライトに打球が飛んできました。右打者が打つ、右方向へ切れていく打球でした。守備のうまい外野手なら捕れる打球でしたが、私はバンザイをしてしまって、捕れませんでした。転々とする打球を慌てて追いかけ、松野さんに返球。松野さんが中継して三塁へ投げました。セーフ。

三塁手のタッチが終わらないうちに、松野さんが私のほうを振り返りました。

「バカヤロー、だから言っただろ！」

ものすごい剣幕で怒鳴られました。

試合には6対5で勝ちましたが、このプレーを機に、垣野監督は大事な試合で私を守備では使わなくなりました。

2年目の春はバッティングがよくなったことで、チャンスを得たはずでした。守備への漠然とした不安を抱えていたのは確かですが、このプレーで千載一遇のチャンスを逃してしまいました。またしても、垣野監督の期待を裏切ってしまったのです。

でも、転びっぱなしで終わるわけにはいかない。何度転んでも、立ち上がるしかないんだ。オレはこれまで、何度もそうやってきたじゃないか。

それからは、たとえ代打としてでもいいから、とにかくチームの勝利に貢献するんだという気持ちになりました。ただ、代打屋稼業は楽ではありません。都市対抗で言えば、出場機会は年に1度か2度になってしまう。そこで結果を出すのは、やはり至難の業でした。

この年の都市対抗ではベスト4まで進出しました。準決勝の日本生命戦で1対6で敗戦。私は9回表に二死から代打で出て、セカンドゴロ。最後のバッターになりました。

社会人3年目、1986年の都市対抗。三菱自動車川崎は優勝候補に挙げられていたのですが、1回戦で阿部企業に2対3で敗れてしまいました。

私は7回に代打で出て、陽介仁というアンダースローのピッチャーにショートゴロに抑えられました。

そのシーズン終了後のある日。私の職場にマネジャーの潮田智信さんから電話がありました。

「今から勤労課に来てくれ」

総務部勤労課は、垣野監督がいる部署です。この時期に垣野監督に呼ばれるということは、「現役引退」を意味します。

私は入社した時、垣野監督から「2年で結果を出せなかったら、社業に就け」と言われていました。2年と言われて、3年目まではプレーできた。でも、ついに来るべき時が来たか。電話を切り、覚悟を決めて席を立ちました。

私と同じ職場には、大須賀さんと、野球部出身の先輩である嶋省一さんがいました。

嶋さんは東海大で原辰徳さん（現・巨人監督）と東海大で同級生だった方。当時の東海大の監督だった原貢さんから教わったこと、特に人としての生き方を私にたくさん教えてくれました。なかでも「オヤジはグラウンド整備や掃除をちゃんとやっている人をよく見ていて、高く評価していた」というお話は、強く印象に残っていました。

その嶋さんが、私に言いました。

「堀井、二つ返事してこいよ」

嶋さんも大須賀さんも、すでに何か聞いていて、私が呼ばれた理由をご存じの様子でした。

私はピンときました。選手としては引退だけど、野球部には残れということなのか。ということは、マネジャーになれということなのかもしれないな。

勤労課へ行き、フロアの隅にある応接室に入りました。

席に着くと、垣野監督は私に言いました。

「来年はマネジャーの勉強をしながら、代打としてしっかり準備しろ」

まだ選手として野球ができるんだ。私は嬉しくなって、「はい、頑張ります!」と返事しました。

マネジャーという仕事

社会人4年目の1987年のシーズンは、マネジャーの潮田さんを補佐しながら、選手としては代打の準備をするという形でプレーしました。

この年の都市対抗では、1回戦で王子製紙苫小牧と対戦しました。

代打として出番が想定されるのは、試合の終盤。相手の抑えピッチャーは、右腕の樋口博美さん。樋口さんはプレーイングマネジャーで、監督として指揮を執りながら、試合終盤になるとマウンドへ上がっていました。

よし、樋口さんを打ってやるぞ。意気込んで準備していると、5回に出番がやってきました。

1点ビハインドで日産自動車からの補強選手だったピッチャーの森岡真一さんに打順が回ってき

たので、垣野監督が早めに動いたのです。

相手ピッチャーは右腕の中島治彦でした。ところが、「代打・堀井」がコールされると、樋口さんは浅川輝彦さんという左ピッチャーに交代を告げました。すると、垣野監督は代打の代打として、平野逸男さんを出しました。私の出番は、なくなってしまいました。

この試合に7対8で敗れたため、結果的にこれが私の現役最後の打席になってしまいました。都市対抗の本大会に限って言えば、4年間でこの「幻」となったこの打席も含めて、5打席のみ。4打数1安打という成績で、現役生活にピリオドを打つことになりました。

思えば、1年目の都市対抗デビューとなった神奈川二次予選でも代打の代打を出された。そして、4年目の都市対抗での代打の代打で現役生活が終わった。私はそんな平凡な選手だったのです。


1987年のシーズンが終了した後、私は再び勤労課にいる垣野監督に呼ばれました。何と言われるのか、今回ははっきりわかっていました。

「正式にマネジャーをやれ」

予想どおりの言葉に、私は言いました。

「今年よりも頑張るので、また同じ立場で現役を続けさせていただけないでしょうか」

言うだけは言ってみようという思いでしたが、垣野監督は「ダメだ」と即答しました。

「マネジャーの仕事は、そんな簡単にやれるものじゃない。この1年で、しっかり潮田から引き継いでくれ」

翌1988年にはソウル五輪が開催されます。潮田さんは、日本代表をマネジャーとして支えました。

潮田さんはほとんど日本代表のほうに掛かり切りになっていましたから、引き継ぎ期間とはいえ、私がしっかりやらないといけない状況でした。

大した選手ではないのに、遠い遠い球縁で会社に入れてもらった。「結果が出なければ2年」のはずが、マネジャーの勉強をしつつ4年目まで選手を続けさせてもらった。感謝の気持ちでいっぱいでした。

選手としては精一杯やった。今度はマネジャーとして期待に応えないといけない。すぐに気持ちが切り替わりました。

4年目にマネジャーの勉強をしたといっても、実際は単なる連絡係のようなもの。マネジャーに専念するとなると、考え方を180度変えなきゃダメだなと思いました。

実は、マネジャーの仕事をしながら、自分の時間を使って教員になるための勉強をしようと考えていました。正直に言うと、選手としてのエネルギーのかけ方に比べれば、裏方の仕事にかけるエネルギーはそのくらいで大丈夫だろうと舐めていたのです。

でも、1カ月もたたないうちに、それがとんでもない間違いだったとわかりました。

野球に関われるという意味では、すごく面白い。選手としてではなくても、近くで野球を見られて、選手の息遣いとか緊張感を間近で感じ取れる。だけど、マネジャーの仕事は、やはり「選手のため」「チームのため」。そこに「自分のため」はない。選手時代以上に、全身全霊をかけて取り組まないと務まりません。


ただ、本当の意味でそう気付くまでには、少し時間がかかりました。

最初は戸惑うことばかりでした。選手たちから「気が利かないな」と言われることもしばしば。垣野監督からは「マネジャーの仕事とはどういうことか、わかってんのか？」と、何度も叱られました。大丈夫かな？　マネジャーとしてやっていけるのかなと、不安に思っていました。

そんなある日のことです。その日は朝から雨が降っていました。垣野監督から電話が掛かってきました。

「グラウンドはどうだ？　朝から練習はできそうか？」

「午前中の練習は中止にしましょう」

私が答えると、垣野監督は訊きました。

「お前、グラウンドを見てきたか？」

私は「いいえ、雨が降っているので」と答えました。

「グラウンドを見に行ってこい」と垣野監督。私は思わず「え、今からですか？」と答えてしまいました。

すると、電話口に怒声が響きました。

「バカヤロー！　お前以外に、誰が、いつ行くんだ？」

何気ない一言でも、監督や選手を不安にさせてしまうことは、マネジャーとしては許されない。この一件で身に染みました。私は「もっともっと一生懸命やらなきゃダメだ」と、またスイッチを入れ直しました。

潮田さんに「マネジャーの仕事は怒られてばっかりです」と相談すると、「簡単だよ。垣野さんのことを好きになればいいんだよ」とアドバイスをくれました。シンプルな言葉ですが、その後の私の支えになりました。

マネジャーの仕事は何事も経験であり、勉強でした。当時はバブル景気に入った頃で、とにかくタクシーがつかまらない。たとえば大学や高校の監督と垣野監督が食事するとなると、私が車を運転して送迎しなければなりませんでした。

ある日、垣野監督の母校・東海大まで車で行きました。小川茂仁監督との食事会でした。

小川監督は私が高校2年生の夏に対戦してサヨナラ負けした東海大一高の監督だった方です。「おお、お前、あの時の選手か」と、その試合のことを覚えていてくださいました。

垣野監督にとっては東海大の先輩ですから話がすごく盛り上がり、深夜2時頃にお開きになりました。

それから小川監督をご自宅までお送りして、その後に垣野監督をお送りして、寮に着いたら朝の4時。夜が白々と明けていました。オレは何をやってるのかな。ふと思いましたが、そういう役割もマネジャーの大事な仕事の一つでした。

マネジャーになって2年目の1989年のシーズン限りで垣野監督が退任され、元コーチの新井孝行さんが監督に就任されました。垣野監督には選手としてはもちろん、2年間でマネジャーとしても鍛えていただきました。そのおかげで、退任される頃には、やっとマネジャーの仕事はこういうことなのかとわかってきました。

ある時、垣野監督の東海大の同級生で、日立製作所で投手だった小永吉弘さんからは「堀井君にマネジャーとして大事な2つの言葉をプレゼントするよ」と言われました。一つは「得意淡然失意泰然」。物事がうまくいっている時ほど淡々とすること、うまくいかない時も落ち着くことが大切という意味です。もう一つは「滅私奉公」でした。

マネジャーの仕事を通して、私は「無私の精神」を学びました。

私はマネジャーを務めながら、野球のルールについて猛勉強しました。

お金やスケジュールの管理だけではなく、やはり野球そのものに関わることをしたいという思いでした。

慶大の先輩で、東京六大学リーグで審判をされていた山川修司さんから、「お前、マネジャーが終わったら、わかってるよな」と言われたのも理由の一つでした。つまり「審判をやれ」ということです。東京六大学リーグで審判をされているのは、威厳のある方ばかり。そんなところで自分が務まるのかという気後れはありましたが、お声を掛けていただけるのであれば、ぜひお手伝いしたい気持ちでした。

公認野球規則を読み込んだのはもちろん、東京六大学リーグの審判員や公式記録員を務めた鈴木美嶺さんが書かれた解説本『わかりやすい公認野球規則』（ベースボール・マガジン社）を何回も何回も読みました。

また、試合の後には審判の方のところへ押しかけていって、ルールについて細かく質問していました。いつもそうするので、「もう来るな」と言われるほどでした。

私がルールについて勉強しているのを知った大須賀さんから「ルールに関する問題を作って、

選手たちに教育してくれ」と頼まれました。私は問題集を自作して、その答えを選手たちに説明しました。普段、マネジャーが選手たちの前で話すのはスケジュールの報告くらい。ものすごく意気に感じました。

ルールと同時に、スコアブックの付け方も一生懸命勉強しました。ルールとスコアの付け方については日本一になってやろうと、徹底的に学びました。

プレーはできない分、こうした部分で少しでもチームの役に立ちたいという思いでした。

選手だった4年間、自分自身はほとんど活躍できませんでしたが、チームは連続して都市対抗に出場していました。

ところが、マネジャーになった1988年から、5年連続して都市対抗出場を逃しました。チームはちょうどその頃、選手の入れ替え期を迎えていたのです。1988年のドラフトでは鶴見信彦が2位指名で阪神タイガースに、四條稔が4位指名で読売ジャイアンツに、清水雅治が6位指名で中日ドラゴンズに入団。なおかつ大須賀さんをはじめベテラン選手が現役を引退されていました。

選手を入れ替えると、こうなってしまうものなのか、やはり神奈川二次予選を勝ち抜くのは難しいと感じました。

コーチとしての新たな野球人生

1989年の春には、妻の里香と出会いました。

お互いの母親同士が同級生という縁でお見合いをして、結婚を前提にした交際が始まりました。里香は静岡県三島市に住んでいて、伊豆箱根鉄道の本社総務部に勤務していました。野球のことにはあまり興味がない女性だったのですが、職場の話をしているうちに、同じ職場に鈴木政明さんがいると聞きました。鈴木さんはプロ入りを2度拒否して、大昭和製紙、ヤマハ、プリンスホテルで活躍された投手。1987年の都市対抗で20年連続出場特別表彰選手となった方です。現役引退後は同じ西武グループの伊豆箱根鉄道に転籍されていました。

「鈴木さんに、三菱自動車川崎の堀井って言えばわかると思うよ」と言うと、里香は職場で鈴木さんに「堀井という人と会った」と話したそうです。

その時の鈴木さんの答えは「堀井か、アイツには打たれてない」だったそうです。

夏頃には結婚を決め、年が明けた1990年の1月に結婚式を挙げました。

タイのプーケット島へ新婚旅行に行き、帰国して成田空港に着いた日の夜には神奈川県野球協会の会議と懇親会があったため、出席。神奈川県川崎市の社宅に戻ったのは夜中の3時頃でした。新婚生活のスタートがいきなりそんな調子だったので、里香はあきれていたのではないでしょうか。

マネジャーになって6年目。1993年に6年ぶりに神奈川第3代表として都市対抗に出場しました。

第3代表決定戦の三菱重工横浜戦。相手エースの石井貴（元・西武）を攻略してチームは大差で勝っていましたが、当時はまだ金属バットを使用していたこともあって、何点あってもセーフティリードではありません。試合終盤になっても、新井監督はベンチで必死に次の策をめぐらせていました。

私はベンチでその様子を冷静に見ていました。25対6で勝って6年ぶりに都市対抗出場が決まった瞬間も、今度はベンチから飛び出すことはありませんでした。一歩引いて、周りを見る。これがマネジャーの立ち位置なんだなと、しみじみと感じました。

それでも、マネジャーとして初めての都市対抗出場はとても嬉しかった。都市対抗出場が決まると、会社に対していろいろな予算を申請する仕事があります。それは夜中までかかりました。でも、それまでの5年間に予選敗退のみじめさを味わっていただけに、充実感にあふれた忙しさでした。

この年の都市対抗の大会前に、三菱グループの野球部9チームの部長、監督、マネジャーが集まって会議が開かれました。毎年、1月と4月、そして都市対抗本大会前の3回開かれている定例会議でした。

その会議が終わった時、慶大野球部の先輩で、名古屋製作所総務部次長の谷尾和さんが「このあと、自動車の3チームはこの場に残ってください」と言いました。

三菱自動車川崎、京都、水島の部長、監督、マネジャーがその場に残りました。なんの話があるんだろう？　そう思いながら聞いていると、「実はこの秋から、三菱重工自工名古屋から分離する形で、三菱自動車の岡崎工場に新たにチームを作る。そのために、各チームから選手を派遣してくれ。岡崎に派遣された選手は原則として2年で元のチームに戻す」と発表されました。

谷尾さんが三菱自動車岡崎の野球部初代副部長となって、新チーム編成の中心になる。三菱重工自工名古屋は三菱重工名古屋に改称。グラウンドは愛知県大府市の三菱重工名古屋のグラウンドを午前中に借りることになるということでした。

新井監督はあらかじめ聞いて知っておられたのだと思いますが、私はもちろん何も知りませんでした。そんなことがあるのかとビックリしました。

その話が終わって出席者が解散した後、私は谷尾さんに「私でよろしければ、お手伝いしましょうか？」と冗談半分で言いました。

「お前、本気か？」と谷尾さんに訊かれました。まずかったかなと思い、慌てて「いえ、私は決められないですけど、すごく興味があります」と答えました。

その場はそれで終わったのですが、後日、谷尾さんが人事のトップである名古屋製作所の足達副所長にこの話をしたようです。

足達副所長は、私が入社した時に人事課長だった方。足達さんと谷尾さんが社内の人事を調整した結果、私はコーチとして岡崎へ異動することになりました。

元々、私はこの6年目でマネジャーを卒業して、社業に就く予定だったようです。「マネジャーとしてなら異動はさせない。予定通り、川崎で仕事をさせる。コーチとしてなら行かせてもいい」という話になったと、後に聞きました。


こうして私はコーチとして新たな野球人生を歩むことになりました。岡崎のコーチ就任が決まった日の夜、自宅に戻ると、里香に「来月から岡崎でコーチをやることになったわ」と言いました。

里香は「え？」と絶句していました。

結婚が決まった時、里香には「東京、川崎が生活圏になるよ」と話して、静岡県三島市から川崎へ出てきてもらったので、驚くのも無理はなかったと思います。

1991年8月21日には長男の典将が生まれ、この頃には里香のお腹のなかに第二子がいました。家族4人で、三菱自動車岡崎の社宅へ引っ越しました。

第4章　監督失格？

木俣達彦さんからの教え

1993年11月1日付で、私は三菱自動車岡崎のコーチに就任しました。翌日。コーチとして初めてグラウンドに出る日の朝にパッと目が覚めた瞬間、私は「よし、今日から野球ができる」と体中に喜びが満ちているのを感じました。子どもの頃、函南町で近所の友達と野球をして遊んでいたときのワクワクに近い感情でした。

総監督に光岡隆夫さん、監督に伊藤秀次さんが就任。廣見志郎さんがバッテリーコーチを務め、私が野手を担当しました。

チームに赴任して最初に副部長の谷尾さんに言われたのは、「技術指導はしなくていいから」という、意外な一言でした。

技術指導は、中日ドラゴンズOBによって編成されたチームが担当することになっていました。チーフは木俣達彦さん、ピッチングは稲葉光雄さん、内野守備は正岡真二さん。外野守備は仁村薫さん。守備のフォーメーションは森下整鎮さん、トレーニングは村田広光さんという豪華な顔ぶれが揃っていました。稲葉さんと正岡さんは現役のコーチとして中日のユニフォームを着ていたので、オフシーズンの12月、1月だけの指導でした。

当時はアマチュア選手がプロの指導を受けるのは簡単ではありませんでした。足達さんと谷尾さんが各方面と交渉して、そういう体制を整えてくださったのです。谷尾さんには「廣見と堀井は、木俣さんの指示通りのことをやれ。自分勝手なことを一切教えるな」と言われました。

プロがナンボのもんじゃい。オレだって社会人でやってたんだぞ。

最初は生意気にもそう思っていました。

ところが、技術指導チームの方々に指導していただきながら、私もティー打撃のボールを上げたり、打撃投手として投げたりしているうちに、バッターの打撃がドンドンよくなっていくのがわかりました。こういう教え方をすれば、選手はこんなにうまくなっていくんだと、まざまざと見せつけられました。

私や選手が質問をすると、経験と理論に裏付けされた答えがポンと返ってきます。やはりプロはすごいと思い知りました。そこで、私は考え方を180度転換しました。仕事としてプロから野球の勉強ができるなら、トコトン吸収してやろう。

それからは木俣さんたちの言うことを一言一句聞き漏らさないように、必死で食らいついていきました。私は内野手を3日でクビになった男です。特に内野守備については正岡さんにいろいろなことを細かく教えていただきました。この頃の野球日誌には、技術指導チームのみなさんの教えが事細かく書いてあります。

技術指導チームは毎日グラウンドに来られるわけではないので、私と廣見さんがフォローしないといけません。何かわからなかったらすぐに電話したり、直接聞きに行ったりしていました。

1994年のプロ野球シーズンが始まると、木俣さんは中日スポーツ、CBCのテレビやラジオの解説の仕事をされていました。

ナゴヤ球場で試合がある日は、木俣さんは午前中に大府グラウンドで指導をして、そのままナゴヤ球場に行っていました。

私は本来なら午前中の練習が終われば午後から出社するはずでしたが、谷尾さんから「堀井は会社に来なくて良いから」と言われ、木俣さんに同行していました。

中日のバッティング練習を見て、ビジターのチームのバッティング練習を見る。そのまま試合を見て、試合後は木俣さんを岡崎のご自宅までお送りする。何日もそうやって野球を見ていたら、ものすごく勉強になりました。それはそうです。隣に最高の解説者がいるわけですから。

木俣さんは1995年に中日の一軍打撃コーチに就任されたので、そういう日々は1994年の1年間だけでしたが、この1年で野球を濃密に学びました。

また、木俣さんの紹介で、中日、阪神で守備・走塁コーチをされていた島野育夫さんから三塁ベースコーチについて教えていただく機会がありました。名古屋市内のホテルで木俣さんと3人で食事をしながら、島野さんは「こういう時はこの位置に立ったほうがいいですよ」などと細かく、丁寧にレクチャーしてくださいました。

ある時、木俣さんに「バントを教えてほしい」とお願いすると、元中日監督の中利夫さんを呼ぼうとしてくれました。

さすがに監督を経験された方にバントだけ教えに来ていただくのは……ということで実現しませんでしたが、勝つためならいろんな人を招く木俣さんの貪欲さは大変勉強になりました。

忘れられない谷佳知との記憶

1994年2月24日に次男の碩史が生まれました。里香は出産のために長男と一緒に静岡県三島市の実家に戻っていたのですが、出産時に産道が傷ついてしまい、1カ月ほど入院。退院した後もしばらく通院していました。その間は長男を私の実家で、次男を妻の実家で預かってもらっていました。

3月のある日。大府グラウンドで練習中にクラブハウスの電話が鳴りました。選手が出て私に取り次ごうとしてくれたのですが、私はノックを打っていて手が離せず、用件を聞いてもらいました。

私に用件を伝えに来た選手の顔が、青ざめていました。

聞くと、里香が通院した時に病院でまた出血を起こしてしまったとのこと。「緊急入院するけど、応急処置は終わって、命には別条ない」という連絡でした。私は、そのままノックを打ち続けました。

野球も仕事も責任は同じだとは思いますが、やはりコーチとして選手を預かっている立場なので、チームを離れられません。そういう面で家族には負担をかけていると、改めて感じました。

創部2シーズン目の1995年には、谷佳知（元・オリックスほか）が入社してきました。

谷は大阪商業大の3年秋に関西六大学リーグで三冠王になるなど、大学トップレベルの選手でした。

光岡総監督が、大商大の村上博監督と話をして、谷の同級生の田渕智宏を採用することが決まっていました。

谷は1994年のドラフト候補としてプロのスカウトが注目する存在でしたが、光岡総監督は村上監督から「谷も何があるかわからないから、万が一の時は採用してくれますか」と言われ、「もしもの時は」とOKを出していました。私はそのことを聞かされてはいましたが、指名は濃厚だろう、谷はプロへ行くだろうと思っていました。ところが、蓋を開けてみると、谷の指名はありませんでした。4年時に両足を肉離れしてしまってコンディションが上がらないまま4年秋のシーズンを過ごしたので、プロが指名を回避したようです。

ドラフト当日の夜。私は谷の自宅に電話をしました。

「三菱自動車岡崎のコーチの堀井です。残念だったけど、社会人でもう一回鍛えようや。一緒に頑張ろう」

谷は「はい」と返事したものの、「心ここにあらず」という様子でした。

プロではなく社会人に進むことを受け入れるまでに時間がかかったのだと思います。実際、マネジャーの正木康之がスケジュールなどで連絡しても、やる気があるのかないのか、わからないような反応でした。他の新人選手は1月か遅くても2月初旬には合流していましたが、谷の合流はかなり遅れました。

1995年の2月下旬、鹿児島県指宿市で開催した春季キャンプから、ようやく谷が合流しました。その時点では練習不足は明らかでした。

それでも、この年から監督として指揮を執ることになった光岡さんは、福岡県北九州市に移動して大谷球場で行った新日鉄八幡とのオープン戦から谷を起用しました。

すると、谷はいきなり左中間フェンス直撃の二塁打を打ったのです。

ろくに練習もしていないのに、やっぱりコイツはすごい選手だなと思いました。そんなド派手なデビューでしたし、光岡監督は「谷が中心だ。岡崎の顔だ」と、すでに一目も二目も置いていました。確かに、社会人野球のレベルでは飛び抜けた存在です。ただ、私はあまり特別扱いすると、彼の将来のためによくないのではないかと感じていました。

そんなある日。ちょっとした「事件」が起こりました。

大府グラウンドでの練習中に、ボール回しをしていた時のことです。谷が声を出してなかったので、私は「谷、声ぐらい出せよ」と言いました。

それでも彼は声を出そうとしなかったので、2度目は声を張りました。

「おい、谷！　声出せ！」

すると、谷は顔をしかめて「ムカツク」とつぶやいたように見えました。

私は、光岡監督に「谷と二人で話していいですか」と言い、谷をグラウンドから連れ出して、ネット裏の小さなクラブハウスに入りました。

こんな機会でもないとゆっくり話すこともないと思い、二人で1時間ほど話しました。

「谷、あのな。こんなことをしていたら、お前にいくら実力があっても、周りに評価してもらえないぞ。もっと素直になれよ。お前のレベルだと、声を出したりするのはあまり野球に関係ないと思ってるかもしれない。そんなことはもう眼中にないのかもしれない。でも、オレはやっぱり心の持ち方とか姿勢が大事だと思う。それは絶対にお前に生きてくるぞ。周りはお前のことを見てる。お前のような看板選手がチームの先頭になってやってくれないと、チームは良くならないと思うよ」

私が諭すと、谷は目を伏せたまま、時折「はい」と頷きながら聞いていました。

その後、すぐに彼の中で何かが変わったというわけではありません。ただ、後々になって、ベースボール・マガジン社の雑誌で「社会人1年目に堀井コーチに言われたことが野球人生にとって良かった」と話している記事を読みました。

谷は1996年のドラフトで、逆指名制度によってオリックスから2位指名を受けました。私が思うに、彼は私の言葉というより、日本代表に入って大きく成長しました。

彼は1年目の都市対抗に新日鉄名古屋の補強選手として出場して、新人賞にあたる若獅子賞を獲りました。9月には日本代表としてアトランタ五輪のアジア予選を兼ねて行われたアジア選手権に出場。2年目の1996年にはアトランタ五輪に出場して、銀メダル獲得に貢献しました。2年間でこういう場を与えられたことが、一番の成長要因だったと思います。

日本代表の合宿の期間が近づくと、谷は「堀井さん、室内で1時間くらい打ちたいんです」と言ってきました。それだけ準備を怠らなかったということです。

谷はチームの練習が始まる前に先にウォーミングアップを済ませて、みんながウォーミングアップやキャッチボールをしている間に個別で練習をしていました。

私は室内練習場で彼にティー打撃のボールを上げたり、打撃投手として投げたりしました。私は谷に限らず、選手を何とかしてうまくしたいという気持ちを強く持っていました。また、谷が頑張ることが、チームが勝つことにもつながると思っていたので、私なりに精一杯手伝ったつもりです。

三菱自動車岡崎には、個の能力を伸ばす背景がありました。私は伊藤監督や光岡監督に「今までの発想の野球をやめましょう」と言っていました。野球は、やはり最後はチーム力です。でも、個も大切。個人の力を伸ばす練習、個性を目一杯生かせる野球に取り組みました。もちろん、それは木俣さんをはじめ技術指導チームのおかげでもあります。

個のレベルアップをトコトン追求しながら、チームプレーについても細かくこだわって指導していました。そのアプローチの仕方を選手たちは理解していたので、谷がコーチである私を独占する形で個別練習をしても、チーム内で浮いてしまうようなことはまったくありませんでした。

三菱自動車岡崎の監督に就任

1995年の日本選手権では、東海地区予選を突破して初めて出場切符を手にしました。

初戦の相手は前年度優勝の日本通運でしたが、2点を追う9回裏の無死一、二塁から加藤秀敏がバックスクリーンへサヨナラ3ランを打って8対7で勝利。チームはド派手な全国デビューを果たすと、その勢いのまま松下電器、NTT四国を破って準決勝へ駒を進めました。

準決勝では三菱自動車川崎と対戦して6対12で敗れましたが、1993年11月の創部から実質2年でいきなり日本選手権4強入りを果たしました。

チームには谷のほか、慶大出身で東京六大学リーグで三冠王になった丸山泰令、同志社大で四番を打っていた武輪成樹といった力のある選手が揃っていました。

「全国大会へ行っても十分に戦える」という自信をつけたはずでしたが、翌年の1996年の都市対抗では、東海地区の一次予選で敗退しました。

あと1勝すれば4チーム中3チームが都市対抗出場権を得られる二次予選のリーグ戦に進出できたのですが、西濃運輸に6対9で敗れました。都市対抗は1994年の初挑戦から3年連続の予選敗退でした。

その後、光岡監督と廣見さん、私の3人で社内や関係者など、応援してくださった方々に挨拶回りをしました。

挨拶回りといっても、実質は都市対抗出場を逃した懺悔の行脚です。その時に、私は涙をこらえきれませんでした。

光岡監督は三菱名古屋の名ショートで、スーパースターでした。コーチを経て社業に就いても労務管理の実務に長けておられました。そこから1994年に三菱自動車岡崎の総監督として戻ってこられて、翌年から監督になられたのです。

光岡監督は、コーチの私に好きなようにやらせてくれました。

「お前は川崎で勝つ味も経験したし、木俣さんの野球を1年間勉強した。オレも口を出すことはあるけど、野手のほうはお前に任すから」と言ってくださっていました。ただ、冗談で「まあ、勝った時はオレにいい顔をさせてくれ」と仰っていました。

私はコーチというのは、こういう練習をしてもいいのかな、こういうことを教えてもいいのかなと監督の様子や機嫌を伺いながらやるものだと思っていました。でも、伊藤監督も光岡監督も、本当に思い切ってやらせてくれました。

それなのに、光岡監督に「勝った時のいい顔」をさせてあげられなかった。その悔しさ、情けなさがこみ上げてきました。

7月上旬。挨拶回りが終わると、副所長の足達さんに、愛知県名古屋市の大江工場まで呼ばれました。足達さんは1995年から三菱自動車岡崎の野球部長も兼任されていました。

副所長室に入っていくと、応接ソファーに光岡監督と、東貞美さんという三菱名古屋の野球部出身の方が座っておられました。お二人を見た瞬間、光岡監督が退任されて、東さんが監督になられるんだろうなと思いました。

足達さんが切り出しました。

「堀井、監督をやってくれ」

光岡監督は退任し、東さんは副部長に就任する。私より年齢が4歳上の廣見さんがコーチとして留任する。「年齢は逆転する形になるけど、堀井が監督としてやってくれ」ということでした。

私に断る理由などありません。「わかりました」と二つ返事でした。

三菱自動車岡崎の野球部が発足する時、「川崎、京都、水島から岡崎に派遣された選手は原則として2年で元のチームに戻す」と聞いていました。私と一緒に川崎から岡崎に派遣された高須清之、佐藤栄一の2人は川崎に戻りましたが、私は3年目もコーチとして岡崎に残りました。

コーチになって3年目に入った頃、三菱自動車川崎の新井監督から「会社は堀井がコーチとしてこれほどやるとは思ってなかったんじゃないか。だから残れと言われたんだよ」と言われていました。

そのことがあったので、事前に「次は監督に」という打診があったわけではないのですが、もしかしたらそんな話もあるんじゃないか？　いやあ、それはないか……と思いめぐらせていました。そこにお話をいただいたので、よし、やってやるぞという気持ちになりました。

こうして私は1996年の8月から、監督として三菱自動車岡崎を率いることになりました。

背番号は変えず、コーチ時代の52番のままにしました。コーチの廣見さんには生意気にも「監督よりヘッドコーチぐらいの立場でいたいんです。だから背番号は変えません」と言いました。岡崎では今までの発想の野球をやめようと取り組んできましたが、その延長でもありました。廣見さんも賛成してくれて、新体制がスタートしました。

監督として公式戦初采配となったのは、8月のJABA高山市長旗争奪飛騨高山大会。1回戦で小西酒造に11対6で勝ちましたが、2回戦でJR東海に7対8で負けました。

この大会中に、私は監督として初めて試合中にマウンドに行きました。

ピッチャーは後にオリックスに入団する、エース左腕の岩下修一でした。

何やってるんだ、ちゃんと投げろ！　そう言うつもりでマウンドへ向かいました。マウンドに着き、何気なくそこからホームベースを見た瞬間、私はハッとしました。え？　ホームベースって、あんなに小さいのか。ピッチャーって、こんな所から投げているのか。「甘い所へ投げるな」とか、「フォアボールを出すな」とか、そんなことを監督が出てきて言っても、意味はないな。

私は「岩下、頑張れよ」とだけ言って、すぐにベンチに下がりました。

私は外野手出身です。ピッチャーとしてマウンドに立った経験も、内野手としてマウンドに集まった経験もありませんでした。その時に初めてマウンドからホームベースを見て、ピッチャーってすごいことをしているんだなと気付きました。今までの自分にはいかに経験が少なかったのかを知りました。後に、恩師の前田監督からは、「投手の指導はアマチュアの監督の必須科目だ」と言われました。

9月の日本選手権の東海地区二次予選では、本田技研鈴鹿（現・ホンダ鈴鹿）に2対3で負けてしまいました。2対1でリードしていたのに、9回に逆転サヨナラ負け。歯車が噛み合わず、どうしてこんな試合をしてしまったんだろうという試合でした。

この黒星が、不吉な予兆でした。

私は、コーチから監督になっても、選手たちのことを掌握しているつもりでいました。野手についてはコーチ時代から関わっていました。投手陣は廣見さんの担当でしたが、私はエースの岩下とは関わりがありました。彼の技術面ではなく、生活面の指導をしていたからです。彼は朝食を抜くことがあったので、私が毎朝、社宅から隣にある寮の岩下の部屋まで行って「岩下、起きろ！　朝飯食うぞ！」と言って、しっかり食べさせていました。

そんなふうにコーチ時代の延長として考えて、選手たちの目は自分のほうを向いているという自負がありました。ところが、年が明け、1997年2月の春季キャンプに行った頃から、選手との間に距離を感じるようになりました。選手たちは本当にオレのほうを向いてくれているのかな？　漠然とした不安を覚えました。

この年の4月下旬から、ラサロ・バジェ、パブロ・ベヘラーノという二人のキューバ人選手がチームに合流しました。

日本の社会人野球とキューバ球界の関係は1994年からスタート。キューバのスポーツ庁から日本とのスポーツ交流を目的とした派遣が可能な選手がリストアップされ、日本の社会人チームが採用する形でした。

当初はシダックスとニコニコドーの2チームでしたが、1997年から三菱自動車岡崎も採用しました。当時は他にも三菱自動車川崎、阿部企業、いすゞ自動車、トヨタ自動車、昭和コンクリートといったチームでキューバ人選手がプレーしていました。このキューバ人選手の採用が、チームにとって微妙にマイナスに作用しました。彼らが加わったことで出場機会を失った選手の中には「なぜオレが出られなくなるんだ」という不満を抱えるものがいたのです。

チームを活性化しようという私の目論見は外れ、むしろ逆効果でした。

5月の東北大会は1回戦で秋田銀行に8対2で勝ち、2回戦で川崎製鉄千葉（現・JFE東日本）に臨みました。

5回を終わって3対0だったのですが、ひっくり返されて、5対7で負けました。

何かがおかしい。選手たちはどこか気持ちが入っていないみたいだぞ。表情も冴えない。考えていることが読み取れないな。

そんな不安のまま都市対抗の東海地区予選に突入したところ、一次予選の2回戦でNTT東海に5対11で敗戦。敗者復活2回戦でも日本通運名古屋に1対3で敗れて、4年連続で本大会への出場権を得ることができずに終わりました。

選手から「監督失格」の烙印

どうして勝てないんだろう？　純粋に何が問題なのか把握したい。選手たちの本音が知りたい。そう思って、何人かの選手に話を聞いたのですが、やはりこれは全員に聞くべきじゃないかと考えました。

そこで、私は選手たちにレポートを書かせました。

「何でもいいから、書いてくれ。何を書いても、絶対に怒らないから」

そう言いながらも建設的な意見を期待していたのですが、提出されたレポートを読んで愕然としました。

私の人格を否定するような、罵詈雑言とも言える文章が次々に綴られていたのです。私を理解してくれている選手もいましたが、圧倒的少数派でした。とても最後まで読むのに耐えられないようなレポートばかり。レポートなんて、書かせなきゃよかったと後悔しました。

「監督のことが信頼できません」
「監督は何を考えているのか、わかりません」
「言っている事と、やっている事が違います」

それは誤解だよ。いや、それはちゃんと説明したはずなんだけどな。ちょっと待ってくれ、そういう意味で言っているんじゃないんだよ……。その一つひとつに対して、思うところはありました。不満や疑問が一つや二つなら、選手を集めてじっくり話せば済むことだったかもしれません。ただ、あまりに数が多かったこともあって、一つひとつに言い訳をしてもダメなんだろうなと考えました。

岡崎では「今までの発想の野球をやめよう」と、チーム作りをしてきました。その気概は良しとしても、事あるごとにそれを求め過ぎていました。「オレたちは他と違うんだ」「こういうチームを目指すんだ」と言っても、私の経験不足と実力不足でその根拠が伝わっていなかった。選手たちは「何を偉そうに言ってるんだ、選手としての実績もないくせに」と拒否反応を起こしていました。

ああ、オレはこれほどまでに信頼を失っていたのか。もう監督はやりたくない。

私は人間不信に陥りました。今になれば、選手は本気で書いてくれたのだと感謝できますが、当時はとても感謝なんてできませんでした。ただただ精神的なダメージを受けました。

このレポートで、私と選手との距離は、さらに開いたと思います。選手のほうは言いたいことを言ったので、次は監督がどう出てくるかと思っていたでしょうが、私のほうがあまりのショックに引いてしまいました。

これはかなり後になってからのことですが、ある選手が、この頃を振り返って私に教えてくれました。

「堀井さん、知ってますか？　あの頃、僕らはどうやって堀井監督を辞めさせて、どうやって都市対抗で勝つかってことばっかり話し合ってたんですよ。居酒屋で飲んでるサラリーマンのノリのレベルですけどね」。私は選手たちから半分「監督失格」の烙印を押されていたのです。

何かを変えなければいけない。私はまず、キャプテンを吉本守から田渕に代えました。

レポートを読むと、キャプテンの吉本にまで反発を受けてしまっているのがわかりました。

私が「こうやってくれ」と言うと、吉本は「わかりました」と返事をしてくれていましたが、彼が選手たちに伝えると、みんなから拒絶されていました。吉本が完全に板挟みになっていて、本当に申し訳ないと思いました。

田渕は私を理解してくれる少数派だったわけではなく、むしろ私に対して不満を持っていました。そんな彼をキャプテンに指名したのは、レギュラーではないものの、チーム内での影響力があったからです。

キャプテンに指名すると、田渕は私にこう言いました。

「監督、僕にすべて言ってください。僕が納得したら、絶対に選手に徹底させます。ただ、僕が納得しなかったら動きませんよ。僕を納得させてください」


ちょうどこの頃、トレーニングコーチをしていた比佐仁さんが、私とチームのあまりにひどい状態を見かねて、「いろいろな人の話を聞いてみたらどうだ?」と言ってくれました。

比佐さんの知人に、中村和雄さんがいました。中村さんはバスケットボールの監督で、鶴鳴女子高校では1972年に春の選抜、インターハイ、国体で優勝して史上初の三冠を達成。共同石油を強豪に育て、全日本女子の監督も務めた方です。

当時は秋田経済法科大で監督を務めておられました。比佐さんが「中村さんの話を聞くのはどうだ?」と勧めてくださったので、「聞きたいです」とお願いしました。

比佐さんと二人で、飛行機で秋田へ飛びました。3人でゴルフをして、夜には食事をしました。真夏なのに、きりたんぽ鍋を食べながら、いろいろな質問をして、お話を聞きました。中村さんが高校、社会人、そして大学の監督として、本当に手作りでチームを強くしていった様子がわかりました。

ただ、核心に迫ることは、なかなか言ってくれません。秘訣ってなんなんだろう。私にはそれが見えませんでした。中村さんは「これが大事なんだ」という答えを与えてはくれませんでした。

食事も終わり、帰る時間が近づいてきました。答えをもらわずに、このまま岡崎へは帰れない。私はジリジリしていました。

そんな私の様子を見て、比佐さんが助け舟を出してくれました。

「中村さん、結局、やるしかないんですよね?」

中村さんは比佐さんの言葉に頷き、仰いました。

「そう。そのとおり。やらなきゃダメなんだよ、やるしかないんだよ、この世界は」

中村さんはそれまでの和やかな表情ではなく、勝負師の真剣な目をしておられました。

具体的な答えではありませんでしたが、ようやくもらった「やるしかない」という言葉。その夜と次の日に、私はその意味を考え抜きました。

中村さんと一緒に過ごしている間の会話やお話を一つひとつ思い起こして、自分なりの答えを出しました。

中村さんが仰っているのは、選手に遠慮しちゃダメだってことなんじゃないか。腹を括って、やるべきことをやれ。そういうことなんじゃないか。

そう思い当たると、今までの自分が恥ずかしくなりました。

オレは自分のことを結構いいコーチだと思ってやってきた。その延長で、いい監督になれる、なりたいと思っていた。でも、監督とコーチでは立場も違うはずだ。オレは監督として、どこかで選手に好かれようと思っているんじゃないか。みんなからよく思われたい。いい監督でいたい。そういうマインドでカッコつけて、選手に遠慮しているんじゃないか。だからまどろっこしいと感じさせたり、自己弁護しているように映ったり、意図が伝わらなくなったりしているんじゃないか。そんなの最悪じゃないか。

そもそも、いい監督って、どんな監督だろう？　選手に好かれるのがいい監督じゃないはずだ。チームを勝たせる監督。選手をうまくする監督。それしかない。よし、もう遠慮はやめよう。

私は決心すると、次の日にキャプテンの田渕に言いました。

「田渕な、オレは思った通りやるよ。遠慮しないぞ。だから、お前も遠慮するな」

田渕がキャプテンに就任した時のスタンス通り、田渕が理解して納得すれば、田渕が選手に浸透させる。もし田渕が理解しなかったら、私と田渕の間でトコトンまで話し込む。そういうスタイルを少しずつ作り上げていきました。

「監督の言葉は重い」

8月のある日の午後。私は車を運転して、愛知県大府市の社宅から静岡県掛川市に向かっていました。

その数日前。私の携帯電話に、見慣れない番号から着信がありました。

「はい、堀井です」

「鈴木利明の父です」

「ああ、どうも。こんにちは」

「堀井監督、息子から聞いたんだけど、そのことでちょっと話があるんです。話を聞いてもらえませんか？」

何の話かは想像できました。

鈴木利明は、私がコーチだった時代に静岡県立掛川工業高校から入社してきた内野手です。この年のシーズン限りで現役を引退して、社業に就くように話をしたばかりでした。

彼はこの年の都市対抗予選の前に、ヒザを痛めてしまいました。病院で診断を受けた結果は半月板の損傷。手術が必要とのことでした。

「すぐにでも手術を受けたい」と言う鈴木に、私は「待った」を掛けました。

「手術を受けるのは、都市対抗が終わってからにしたらどうだ？　都市対抗ではお前は今のところベンチを外れる可能性が高い。でも、何があるか、わからない。もしかしたら代打の1打席だってあるかもしれない。試合に出られなくてもチームをサポートする仕事はあるんだから、今はチームを離れないほうがいいんじゃないか」

その時点では鈴木がこのシーズン限りで社業に就くことが決まっていたわけではなかったのですが、私としては彼が翌年も選手を続けるのは厳しいだろうと考えていました。

もし手術をしたら、現役最後の都市対抗で試合に出場できる可能性はゼロ。チームを離れた状態のまま社業に就くことになるより、手術を延期して、少しでも野球に関わってからのほうがいい。そう判断していました。ただ、その時は鈴木に私の考えを細かく伝えることはしませんでした。

結局、都市対抗は東海地区予選で敗退したため、鈴木は出番がないまま社業に就くことになったのです。

私は鈴木の父・聰さんに「わかりました。お会いしましょう」と約束して、日時と場所を決めて電話を切りました。

鈴木さんは、静岡県掛川市で製造業を営んでおられました。掛川からわざわざ岡崎まで来ていただくのも……と思い、私が掛川まで行くことにしたのです。

私は三菱自動車川崎の選手だった頃に掛川市の大東総合運動場でキャンプを実施したことがありました。そこは海岸沿いにあって、横に広い駐車場があったことを覚えていました。そこなら鈴木さんにとっても目印になってわかりやすいだろうと思い、駐車場で待ち合わせすることにしました。

2時間ほどハンドルを握って、その駐車場に着きました。

駐車場に車を停め、車内でしばらく待っていると、鈴木さんの車が入ってきました。

私は車から降りました。海からは強風が吹き上げていました。

鈴木さんも車を降りてきて、その場で立ち話になりました。「どこかでお茶でも」という雰囲気ではありませんでした。

強い風が吹く中で、鈴木さんが諭すように私に言いました。

「堀井監督、うちの息子に『手術を待て』って言ったそうだけど、そう言われたら、選手の立場からしたら、『来年もあるからゆっくり直せ』と言われたと思うだろ？ それを、今年で終わりとは、どういうことなんだ？」

よかれと思って言ったことでしたが、相手の受け取り方はまったく違っていました。

ただ、それを言っても水掛け論。私は言い返しませんでした。

鈴木さんは、こう続けました。

「監督の言葉ってのは、重いんだよ。オレも社長という立場だけど、社長の言葉は重いんだよ。オレは前に試合中の監督の動きを見たけど、チョロチョロ動いて、ちっとも監督らしくないよ」

私は「そうですか」と受け止めました。

そのほかにも鈴木さんは社長としての経験からいろいろ指摘してくださいました。


15分ほどで話して、別れました。

「監督失格」と言われたようで、私はまた大きなショックを受けていました。

同時に、鈴木さんは私への恨みで言っているのではないと思いました。

もちろん、恨みがまったくないはずはない。でも、社長である鈴木さんは、その視点から私のためを思っていろいろ言ってくれたんじゃないか……。

「監督の言葉は重い」。帰りの車中、鈴木さんの言葉が私の頭の中で反響していました。私は途中のサービスエリアで車を停め、鈴木さんの言葉を忘れないうちに手帳にメモしました。


「先頭に立つのは簡単。一歩引く」

「ブレーンを教育する」

「一線を引く。ただし声は掛ける」
「全員を一人ひとりチェックしていては体が持たない。任せる」
「他人を動かせる配慮、度量、一瞬の判断力が大事」

急いで書き留めたので字は乱れていますが、このメモは今でも見返しています。

意地と意地のぶつかり合い

次は日本選手権。気持ちを切り替えて臨んだのですが、チームがそんなにすぐに変わるはずはありません。東海地区二次予選の初戦で河合楽器に3対4で敗れました。

光岡監督は2年で日本選手権に出場した。それに比べて、オレが監督になってからは都市対抗と日本選手権の二大大会の予選でさえ1勝もできていない。コーチ時代からチームで積み上げてきたものがゼロになってしまった。これは、来年も出られなかったらクビだろうな。

選手からすれば、勝てない監督は不要。会社側としても、社業として野球をやっている責任が果たせない監督には任せられないだろう。

それならクビになる覚悟を決めて、とにかく思った通りにやってやろう。チームに何も残さずにクビにはなりたくない。オレが厳しくやれば、次の監督は楽になるんじゃないか。やるだけのことをやって、次の監督に良い形でバトンタッチしよう。

私は改めて腹を括りました。9月半ばのある日、私はまた田渕を呼んで言いました。

「明日の朝から、起きたらみんなで散歩して、グラウンドまで行って体操をしよう」

田渕は「何でそんなことするんですか？」と怪訝な表情で訊きました。

「生活習慣の基本だ。朝起きてからみんなで行動すれば、そこで会話も生まれるし、体調も確認できる。とりあえずやろう」

田渕はしばらく考えてから、「わかりました」と答えました。

「それで、いつまでやるんですか」と田渕。9月の半ば頃から10月下旬まで1カ月半の間にオープン戦を何試合も組んでいたので、私は「オープン戦で勝つまで」と言いました。

翌日から、早朝の散歩が始まりました。9月下旬になると、朝6時は散歩するには絶好です。全員で出てきて、グラウンドへ行って体操をして、寮に帰って朝食をちゃんと食べる。それからまた練習に出ていきました。

オープン戦ではなかなか勝てませんでした。引き分けた試合もありましたが、「引き分けじゃダメだ。勝つまでやるぞ」と言って、早朝の散歩を続けました。

10月の下旬。愛知県知多郡の阿久比球場で行った王子製紙とのオープン戦で、ようやく勝ちました。

ゲームセットの瞬間、選手たちはみんなガッツポーズ。「明日から散歩なしだ！」と、まるで優勝したような騒ぎになりました。相手チームの選手たちは「なんでオープン戦で勝ったくらいであんなに喜んでいるんだ？」と不思議に思ったでしょう。この時、チームには「みんなで一つのことをやりきった」という小さな成功体験が生まれました。

朝の散歩以外にも、愛知県知多郡にある大御堂寺・野間大坊で座禅を組んだり、名古屋市の陸上自衛隊守山駐屯地に泊まり込みの体験入隊をしたり。こういうことをやれば、チームのプラスになるんじゃないか。何か思いついたことがあれば、何でもやろうと考え、実行しました。選手たちは、内心で不満タラタラだったと思います。「なんでこんなことをやらなきゃいけないんだよ。野球とは関係ないじゃないか」。そういう声が出たかもしれませんが、それは田渕が抑えてくれたのでしょう。

私は不満に対して一切耳を貸さず、顔色もうかがわなくなっていました。選手の声や意見を無視したわけではありません。言いたいことはわかるけど、まぁ、いいからやってみなさい。そう思って見守っていました。

朝の散歩や座禅、体験入隊をやったからといって、選手たちがすぐに変わったわけではありません。ただ単に私の覚悟を選手たちに伝えただけだったのかもしれません。人間って、すぐに変わるほど単純なものでもないでしょう。一人ひとりアンテナが向いている方向が異なれば、感度も違います。ピンときた選手もいるかもしれないし、なかなか理解できなかった選手もいたと思います。

12月末の仕事納めの日。普段は午前中にグラウンドで練習して、午後から会社で仕事をしていましたが、この日は午前中に仕事を納めて、午後から練習でした。

午後は三菱重工名古屋がグラウンドを使用しています。私たちはそれを横目に、ライト側の奥にある地面がデコボコの空き地で走り込みました。

100メートルを100本のダッシュ。100メートルダッシュしたら、歩いてスタート地点まで戻り、またダッシュする。午後1時過ぎから始めて、4時過ぎまでかかりました。真冬で日が暮れるのが早く、終わる頃には暗くなっていました。

私はじっと立ったまま、選手たちが走るのを見守っていました。

選手たちは「くそ、やったるわ」という感じで、意地になって黙々と走っていました。

そんな彼らの表情を見ても、私は知らん顔を貫きました。選手の顔色に神経質になると、そういう練習はやらせられません。これはちょっとやりすぎたかな、と遠慮してしまいます。

70本、80本、90本……。辺りがだんだんと暗くなっていく中、選手たちの荒い息づかいが聞こえ、体からは白い湯気が立ち上っていました。

「100本目!」

その声は確かに嬉しそうに聞こえました。

こうして私と選手たちの意地と意地のぶつかり合いで、1997年が終わりました。

第5章　岡崎魂

貫いた自分の考えと意思

1998年の1月。私はキューバを訪れました。

キューバ人選手の採用を希望するチームは、毎年1月にキューバのスポーツ庁と交渉していました。この年は三菱自動車岡崎を含む8チームの部長もしくは監督がＪＡＢＡ（日本野球連盟）の山本英一郎会長と一緒にキューバを訪問しました。

メキシコシティで1泊して、次の日にメキシコシティからハバナへ。飛行時間だけでも16時間ぐらいかかりました。私は飛行機に弱いこともあって、メキシコシティのホテルに着いた頃には疲れ果てていました。

他の方々は会長の山本さんと食事をされたのですが、私は「すみません、先に部屋で休ませていただきます」と言って参加しませんでした。

すると、翌朝、山本さんに叱られました。

「堀井、こんなことでくたばってたらダメだろう。将来、強行日程であっち行ったり、こっち飛んだりできないぞ」

山本さんは慶大、鐘紡で外野手としてプレー。1964年から社会人野球協会（現・日本野球連盟）で日本の野球の国際化に尽力された方です。山本さんが国際野球連盟に働きかけて1984年のロス五輪から野球が公開競技になるなど、アマチュア野球発展の功労者です。1997年に日本野球連盟の会長に就任され、特別表彰として野球殿堂入りされました。

私が山本さんと初めてお会いしたのは、私が三菱自動車川崎に入社した1984年の三菱大会。これは三菱グループの野球部9チームが3日間かけて開催する社内大会です。

その2日目に新人選手が集まり、山本さんの講義を受けていました。1984年の大会会場は神奈川県横浜市金沢区にある三菱重工横浜（現・三菱重工East）のグラウンド。スタンドにおられた山本さんに「今年、慶應から入りました、堀井です」とご挨拶すると、「おー、お前か」と言ってくださいました。それ以来、何かと目をかけていただいていました。

ホテルでの一喝は、目をかけてくださっているからこそ叱ってくださるんだなと感じる出来事でした。


こうしてキューバで1998年もバジェとベヘラーノを採用するという話をしてきたのですが、帰国後に急遽、会社側の意向で今年はキューバ人を採用しないことになりました。

二人がいなくなったことで、戦力も大幅にダウン。思うように勝てない状況が続きました。

そんな中で、私は田渕に「まず何かを変えるには、挨拶からだ。相手チームのグラウンドへ行った時に大きな声で挨拶をしよう」と話しました。

三菱自動車岡崎には専用グラウンドがなかったため、オープン戦はほとんどが対戦相手のグラウンドへお邪魔して行っていました。相手チームのグラウンドに入る時、一人ひとりがグラウンド中に響き渡る大声で「こんにちは！　よろしくお願いします！」と言いました。そんなことをするチームはどこにもありません。相手の選手が試合前のバッティング練習などをしている時に「こんにちは！」と大きな声がする。「なんだ、なんだ」とグラウンドの入り口を振り返る。そんなことが20数回続くわけです。相手チームは驚くやら呆れるやら……。それを田渕が徹底してくれて、選手たちもやってくれました。

かといって、指導が精神論に偏っていったわけではありません。創部当初の技術指導チームの教えがチームに脈々と受け継がれていて、選手たち一人ひとりに向上心や探求心がありました。

オープン戦で相手のグラウンドへ行って、大きな声で挨拶をする。その後、ウォーミングアップをしてから、ちょっとでも時間があれば各々が自分の技術を高めるための練習をしていました。オープン戦が終わってからも、グラウンドの片隅でその試合で出た課題をクリアする練習を10分でも15分でも時間を作ってやっていました。選手たちの野球の技術に対する意識はかなり高かったと思います。ある意味、プロフェッショナル集団でした。

この年から、慶大の先輩である江藤省三（元・巨人ほか）さんが守備・走塁を指導しに来てくださるようになりました。

江藤さんが横浜ベイスターズのヘッドコーチに就任される2002年までの5年間、月に2回ほど岡崎に来て寮に泊まっていただいて、教えていただきました。江藤さんの指導で、選手たちの技術に対する意識はさらに上がりました。

なによりも私自身の勉強になりました。江藤さんが岡崎の指導に来られる日は、朝はコメダ珈琲で一緒にモーニングを食べてからグラウンドへ行き、練習が終わった後は食事をご一緒させていただく。そんな時間の中で、いろいろなことが吸収できました。

江藤さんはV9時代の前半（1966年）の巨人に入団し、その後は1969年から1976年まで中日で活躍されました。現役引退後は中日でスコアラーを務めたほか、1981年からは巨人で一軍内野守備・走塁コーチやスカウトなどを歴任。その後は千葉ロッテマリーンズでも一軍守備コーチに就任されました。江藤さんから川上哲治監督、広岡達朗さん、王貞治さん、長嶋茂雄さん、千葉ロッテのボビー・バレンタイン監督など、いろいろな方とのお話をお聞きできた。この5年間は、私にとって大きな財産です。

江藤さんは兄の慎一さん（元・中日ほか）を数回、連れてきてくださいました。

江藤慎一さんがある選手に打撃を教えていると、そのすぐ横で、選手同士が揉めてケンカを始めてしまったことがありました。

江藤慎一さんは社会人時代に日鉄二瀬で濃人渉監督のスパルタ野球を経験しています。その江藤さんが「オレが教えている横で、殴り合いしているヤツがいる。こりゃ、すごいチームだな」と驚いていました。その頃の三菱自動車岡崎は、そんなヤンチャな選手の集まりだったのです。

チームが勝てない状況は、1998年の公式戦に入っても変わりませんでした。

4月の日立市長杯大会では1回戦で住友金属鹿島（現・日本製鉄鹿島）に4対1、2回戦でNTT東京（現・NTT東日本）に5対3で勝ちましたが、準決勝でNTT関東（現・NTT東日本）に2対10で8回コールド負けを喫しました。

5月の京都市長杯大会では、1回戦でNTT関西（現・NTT西日本）に7対14でまたもや7回コールド負け。続く大阪大会では1回戦の日本生命戦で0対7でまたまた7回コールド負け。しかも2安打しか打てませんでした。屈辱的な3大会連続コールド負けで、いよいよ「負けたらクビを覚悟」の都市対抗予選に入っていきました。

朝の散歩、座禅、自衛隊への体験入隊、オープン戦での挨拶、100本ダッシュ。選手からすれば「なんでこんなことをやらなきゃいけないんだよ」と思いながら取り組んできたのに、こんな結果になってしまった。ますます気持ちが私から離れていったんじゃないかと思います。

それでも遠慮はしませんでした。キャプテンの田渕には「とにかくこの1年はオレが監督として方向性を出すから、ついてきてくれ」と話していました。表向きはますます開き直っていったのですが、内心は……。この時期の野球日誌のページには、あまり文章らしい文章は書いていません。スタメンだけ書いて終わりという日も多くありました。

「勝ちたい」という気持ち

迎えた1998年の都市対抗東海予選。初戦（2回戦）の日通名古屋の結城圭三投手は右のスリークウォーターで、左バッターの内角への球をうまく使ってくるタイプでした。その球で体を起こしておいて、外角で攻める。外へ来ると思って踏み込んだら、内角を突いてくる。バッターからすると、すごく嫌なピッチャーでした。

この結城を攻略するために、ウチの左バッターが打席のラインギリギリに立ち、内角に投げづらくさせました。私が指示したわけではありません。選手たちがミーティングをしたのか、一人ひとりがそう考えたのか。また、一塁走者が体を張ったスライディングでダブルプレーを阻止したシーンもありました。今ならラフプレーと判断されるようなスライディングでした。

コイツら、本当に勝ちたいと思ってるぞ。何かが変わり始めている。試合中にもかかわらず、涙が出そうになりました。

エースの岩下も粘りに粘り、救援した後藤勝喜も好投して10対6で勝ちました。

次の日、岩下に「昨日はよく投げてくれたな、ご苦労さんな」と言うと、岩下は「もうちょっと投げさせてもらえると思いましたけどね」と、悪戯っぽく笑いました。


3回戦では一光に11対7で勝利。4回戦の相手はトヨタ自動車でした。

初回の一死一、二塁から、四番の丸山が左中間へ先制の3ランホームランを打ちました。

試合会場の岡崎市民球場は両翼が99・1メートルで、センターは126メートルの広さです。

しかも、レフトからホーム方向に強い逆風が吹いていました。丸山はその左中間に叩き込んだのです。


丸山は慶大4年時の東京六大学リーグ戦で春に5本、秋に6本の計11本のホームランを打って、当時の年間最多本塁打記録を打ち立てた長距離砲。4年秋には三冠王にも輝きました。

1995年に谷と同期で入社してきたのですが、光岡監督は「谷が一番か三番、丸山が四番を打つ」という構想を持っていました。

私はコーチ時代、監督が期待している選手であり、大学の後輩でもある丸山に厳しく接しました。

彼の入社2年目、鹿児島県指宿市での春季キャンプ最終日のことです。

練習が終わり、選手たちは球場から鹿児島空港に向かうバスに乗り込もうとしていました。私はバスの外で丸山を呼び止めました。それからバスの脇でバットを持ち、バッティングフォームについて話し込みました。

私が「こうだ」と言えば、丸山は「それは違います」と言う。私には私の考え、丸山には丸山の考えがある。お互いが譲らず、ああ言えばこう言う状態が30分ほど続きました。

私たち以外は、もうとっくにバスの座席に座っていました。最初は「よくやるなあ」とあきれ半分に見ていた選手たちも、バスの出発が遅れて飛行機の時間に間に合わなくなることを心配して、やきもきし始めました。

それでも私は今ここで伝えないといけないと思って、身振り手振りで話しました。

最後には「お待たせしました。すみません」と言って二人でバスに乗り込みました。この一件以来、丸山は彼なりに「堀井さんに文句は言わせないぞ」というつもりでプレーしているようでした。

私が監督になってからも、丸山を四番に据える考えは変わりませんでした。

このトヨタ自動車戦の約1年前。1997年の都市対抗予選終了後、私はその年限りで社業に就ける選手を勤労課に呼び、個室でその旨を通告していました。すると、丸山が突然その部屋に入ってきました。丸山には翌年も選手として活躍してもらうことを期待していました。当然、その場には呼んでいません。彼のほうから私を訪ねてきたのです。

「僕も今季で終わりにしたいです」と丸山は切り出してきました。

「何を言ってるんだ。お前は来年のチームに必要だ。なんでだ？」

「新しいチームの雰囲気が合わないんです。仲の良かった先輩たちが今季限りで辞めると聞きました。やりたい野球ができるメンバーがいなくなったので、僕も辞めたいです」

ちょうど選手たちが私を否定する内容のレポートを提出してきた後で、チーム内がゴタゴタしている時期でした。丸山の気持ちがわからなくはありませんでしたが、その時はもう私は腹を括っていました。

「いや、他人のことは関係ないだろ？　社会人野球というのは、やりたいとかやりたくないでやる世界じゃないぞ。お前は会社から仕事を与えられて、『これはやりたくないです』って言うか？　言わないだろ？　とにかく、あと1年はやれ」

私が説得すると、丸山は「わかりました。もう1年頑張ります」と答えました。こうして丸山がチームに残ってくれたことが、後に大きなキーポイントになったのです。

トヨタ自動車との試合は丸山の先制パンチが効いて一方的になり、11対2で勝利。東海地区の二次予選進出を決めました。

二次予選の昭和コンクリート戦ではキューバ人エースのラサロ・バルデスに抑えられて2対6で負けて、第3代表位決定戦に回ることになりました。

相手は西濃運輸。ここで勝てば、初の都市対抗出場が決まる。負ければ、静岡地区2位のチームと静岡・東海地区代表決定戦で一騎打ちすることになります。

西濃運輸は都市対抗常連の名門チーム。対する三菱自動車岡崎は初出場を目指すチーム。どう見ても向こうには余裕があります。ウチはとにかくここまできたら、あと1つ勝ちたい。この試合に負けたら静岡2位とやらなきゃいけない。そういうプレッシャーの中で試合を迎えていました。

岡崎市民球場で試合前のシートノックを終えると、雨が強くなってきて、試合は翌日に延期になりました。

これが功を奏しました。その日の夜、正木康之コーチがビデオで西濃運輸の先発ピッチャー・渡辺哲治を研究して、けん制球を投げる時のクセを見つけたのです。

翌日の試合では2回に2点をリードされたのですが、足を使った攻撃でプレッシャーをかけながら渡辺を攻略。川口朋保の2ランホームラン、小浜憲司のソロホームランで3点を奪って、渡辺を5回途中でノックアウトしました。

また、この試合では普段は主に代打で出場する主将の田渕を「七番・一塁」でスタメン起用したところ、3番手の安部雅信から2ランを打つなど3安打3打点と活躍。エースの岩下が7安打2失点で完投して、8対2で勝利。都市対抗初出場を決めました。

最後の打球は、途中出場でレフトを守っていた岩崎勝巳（のちに三菱自動車岡崎コーチ）が捕りました。その瞬間、嬉しさと安堵がこみ上げてきました。

歓喜に湧く中で、岩崎はうれしそうな表情を見せず、淡々と整列に加わりました。彼は岡崎の1期生として苦労してきた選手ですが、この年は出場機会が減っていました。それは面白くなかったはずです。途中出場でウイニングボールを捕ったからといって、喜びを爆発させる気になれなかったのでしょう。

チームが一つになったから勝てた……というわけでは決してありませんでした。あと一つ、何かをちょっとでも間違えれば、チームがバラバラになってしまう。そんな瞬間はいくつもあったと思います。本当に空中分解ギリギリのところで、かろうじてチームとして踏みとどまっていました。

だからといって私も選手に遠慮はせず、ギリギリのところで監督として持ちこたえていたのだと思います。

そんなチームをつなぎとめていたのは、やはり「勝ちたい」という気持ちでした。勝つために、私は監督としてやるべき仕事を遠慮せずにやった。選手の方も「オレたちはオレたちの仕事をすればいいんですね」と捉えてくれた。そういうことだったとしか、説明がつきません。強いて言えば、勝ったことでチームが一つになっていったのです。

西濃運輸との試合後、私は田渕に「よくやってくれた。ありがとう」と言い、握手を求めました。田渕は手を差し出しながら、「おめでとうございます」と照れくさそうに言いました。

1994年の活動開始から5年目で初の都市対抗出場。7月の都市対抗本大会前には、岡崎工場で壮行会が開かれました。

三菱自動車川崎時代にも経験していますが、それとは様子が違っていました。

昼休みに、工場内の大きな通りで開かれました。野球部員が並び、道路を隔てて職場の人が集まってくれました。

都市対抗出場が決まると野球部を応援するムードは確かに変わりましたが、壮行会に参加してくれた人数はそれほど多くはありませんでした。川崎の時は中庭が人で埋まったんだけどな、と少し寂しくなりました。工場の上層部が激励のスピーチをする。花束が贈られる。私やキャプテンの田渕が応援のお礼と大会の意気込みを一言話す。そんな中、昼休みにランニングしている人が、我関せずと道路を横切って行きました。これはないだろう。拍子抜けするのと同時に、会社にとっての野球部は、今はこのくらいの存在でしかないと再認識しました。

こりゃあ、この岡崎工場に野球部が根付くには時間が掛かるぞ。なんとか岡崎の野球部を、ここの社員のみなさんに応援してもらえるチームにしなきゃいけない。そんな使命感を覚えました。

岡崎市でも壮行会が開かれました。岡崎市としても、初めての都市対抗出場。岡崎市民会館の大会議室には岡崎市の市役所や商工会議所の方々が集まり、盛り上がりました。

そこでは豊田市へのライバル心を感じました。豊田市とは隣り合わせで、人口は岡崎市のほうがやや少ないくらい。豊田市にはトヨタ自動車があり、岡崎市には三菱自動車がある。トヨタ自動車野球部は強豪チームでしたが、「岡崎市にもやっとこういうチームができた」という期待を強く感じました。

都市対抗出場のために東京へバスで出発する日には、まず岡崎工場で見送られて、次に岡崎市役所で見送られてから東京に向かいました。

私は、バスの窓から見送りに来てくれた人たちが手を振ってくれるのを見ていました。その光景は今でも私の脳裏に焼き付いています。

7月25日。都市対抗の1回戦の相手は、日立製作所でした。

2対3で迎えた8回裏に岩崎、北村宏大に連続タイムリーが出て、5対3と逆転して9回の守りに入りました。

一死二、三塁からレフト前にタイムリーを打たれて1点差に迫られました。

その後に一死満塁となりましたが、続く打者がショートゴロ。二塁でゲッツーを取れば試合終了のはずでした。

ところが、セカンドの川口の一塁への送球が逸れてしまった。ゲッツー崩れの間に同点に追いつかれると、さらにレフト線へ二塁打を打たれ、勝ち越されてしまいました。9回裏の攻撃は無得点。5対6で初戦敗退が決まりました。

私に甘さがあったのです。

都市対抗を前に、私は自分自身がこの先そう何回もチームを都市対抗に連れてくることはできないだろうと考えていました。

そこで、補強選手は獲りましたが、できるだけウチの選手を起用してやろうと考えていました。その温情が甘さとなりました。

その試合でスタメンでセカンドを守っていたのは、NTT東海からの補強選手だった一色和也でした。私は試合途中に一色に代えて、川口を起用しました。

川口は岡崎野球部の1期生です。彼はこの年、右ヒジを痛めていて、東海地区予選はなんとかこなした状態でした。私はそれをわかっていながら、なんとかなるだろうと思って起用したのです。

この試合ではベンチ入り25名のうち、22名を起用しました。最後の最後に、心配していた川口が絡むところに打球が飛んでいってしまいました。

負けた直後は、みんなで頑張った、精一杯やった結果だからしかたないと思っていました。しかし、その後に冷静になって考えてみると、選手たちに対する背信行為だったと反省しました。結果的には川口本人も傷つけてしまいました。

二度と温情は見せまい。これだけはやってはいけないと、自分を戒めました。

川口は、後に私の後任として三菱自動車岡崎の監督になりました。川口は、自分のミスで負けたその試合のビデオを毎年、選手に見せて、「こういうプレーをしてしまったら、一生悔いが残る。だから、悔いが残らないようにやれ」と言っていたそうです。

この日立製作所との試合を、韮高の恩師の豊岡監督と久保監督が一緒に見に来てくれていました。

試合後に二人が東京ドームの関係者出入り口で私を待ってくれていました。久保さんは「いいチームだな」と言ってくれました。高校時代の恩師がこうして応援してくださっているのは、非常にありがたく、心強いものです。

韮高の野球部部長だった白石先生は、後に韮山高校の同窓会報「龍城」で、私のことをこんな風に書いてくれています。

「選手の中に、小技のきくほうではないが当たると大きいという腕力のある選手がいました。飛び抜けて優秀というのではなく、レフトを守る普通の選手です。堀井哲也といいます。周りを明るくし、まとめ、校歌にあるように一歩一歩地を踏みしめて進んでいく。彼はそういう人間です」

この同窓会報は、今でも宝物として大事にとってあります。

ショッキングなニュース

都市対抗の初戦で敗れ、東京から戻った翌日。私が仕事をしていると、勤労課に丸山が訪ねてきました。

「監督、ちょっといいですか?」

嫌な予感がしました。丸山は1年前に「辞めたい」と言い出しましたが、彼が残ってくれたことが都市対抗初出場につながりました。私としては、丸山がプロに行かなければ、向こう10年は四番を任せられると思っていました。

トヨタ自動車戦でホームランを打ったし、この1年で勝つ味も知り、野球の面白さを味わったはず。嫌な予感が2割、「一生懸命やります」と言ってくれるという期待が8割で彼の話を聞くと、丸山は「約束通り、今年で終わりにさせていただきます」とあっさりと言いました。

嫌な予感が当たったか、と思いながら「ホントにそれでいいのか？」と訊きました。ただ、丸山は「約束通り」という言葉を使いました。それがすべてでした。

そうだよな、「あと1年」という約束だったよな。この1年間、それを受け入れてよく頑張ってくれたな。今度は私が彼の希望を受け入れるしかありませんでした。彼はしばらく社業に就きましたが、その後に退社しました。ドラマや小説であれば、丸山が「チームのために頑張ります」と言って10年間四番を打つというハッピーエンドになるのでしょう。現実はなかなかそうはいかないものです。

1998年は都市対抗に続き、10月に大阪ドームで開催された日本選手権にも2回目の出場を果たしました。

1回戦では、この年の都市対抗を制した日産自動車と対戦しました。

相手投手はこの年の都市対抗で橋戸賞を受賞していた川越英隆（現・ロッテ一軍投手コーチ）。1回に6点を奪われましたが、川越を攻略して、6回に逆転。11対8とリードして8回を迎えました。

4番手で登板した桂良実が無死満塁のピンチを迎えた後、次打者をショートゴロに打ち取り、二塁併殺の間に1点を返されました。

なお二死三塁で、打席にはこの年の都市対抗で4本塁打を放った鷹野史寿（元・近鉄ほか）。ヒットで1点差。ホームランを打たれたら同点という場面です。

桂はもう限界でした。ブルペンには山口和男しか残っていない。山口は入社してから2年間、目立った結果を残せていないピッチャーでした。

もう山口で行くしかない。私は山口をマウンドに送り出しました。

山口がマウンドで投球練習を始めました。大阪ドームのスコアボードに、球速が表示されます。149キロ、148キロ……。140キロ台後半を連発しました。

これを見ていた日産自動車の村上忠則監督が、ベンチからスッと立ち上がりました。

試合が再開されると、山口は鷹野をショートゴロに打ち取りました。

9回も山口が無失点に抑え、11対9で逃げ切りました。

山口が初めて本来の力を出した。しかも全国の舞台で、都市対抗優勝チームを相手に。オープン戦でもそんなピッチングをしたことがなかったのに……。

山口はこのピッチングで一躍ドラフト候補として注目されるようになりました。

ただ、その時期はすでに各球団のドラフト戦略が固まった後。今のまま下位指名でプロへ行くより、来年に上位指名されるようになったほうがいいと、山口は判断しました。

実は、この日本選手権でのブレーク前から山口に熱視線を送ってくださっていたベテランスカウトがいました。オリックスの編成部長だった三輪田勝利さんです。三菱自動車岡崎から谷を獲得した縁もあって、たびたびグラウンドや試合会場に来てくれていました。三輪田さんの存在が、山口の「プロへ行きたい」という心の支えでした。

ところが——。この年の11月27日、三輪田さんが沖縄県那覇市内で投身自殺したというニュースが飛び込んできました。

その日は会社で野球部の納会を開いているところでした。テレビのニュースでそのことを知った山口は、茫然としていました。

年が明けて、1999年の都市対抗は東海地区予選で敗退。2年連続の出場は逃してしまいました。

山口が5月に長良川球場で開催されたベーブルース杯のJT戦で「ミスターJT」と呼ばれた原野優選手の打球を右手に当てて負傷したのをはじめ、予選前にケガ人が続出。大事な試合に万全の状態で臨むことができませんでした。

アクシデントによるケガは、やむを得ないものではあります。しかし、私はケガや病気などが続く時は、チームが何かを訴えているのだと考えるようになりました。

前年の7月には都市対抗に初出場して、10月に日本選手権も2回目の出場と、チームは順調のように見えました。しかし、どこかでバランスが崩れていたのではないか。それが表面に見える形となったのが、「ケガ人続出」という事態だった——そう考えています。

この年の私は勢いに乗ってしまって、選手たちに遠慮しないという気持ちに拍車がかかっていました。後になって考えると、もう少しバランスを取るべき年でした。


5月には大阪府貝塚市の日本生命グラウンドで行った日本生命とのオープン戦で、大敗しました。エースの岩下が20点以上取られましたが、私は彼に「お前はエースなんだから、何点取られてもいいから、とにかく最後まで投げ切れ」と言って、完投させました。

その試合後。私は三塁側ベンチ前に選手を集めて、言いました。

「今のウチのチームには大阪出身の選手が多いよな？　大阪で一流の選手は東京に行くだろ？　地元の大阪にも日本生命のようなしっかりしたチームもある。東海地区に行くにしても、JR東海とかトヨタ自動車とか、ホンダ鈴鹿とか強いチームはたくさんあるよ。言ってみれば、岡崎に来るお前らは、大阪の三流だろ？　三流なら三流らしく、反骨精神を見せろよ。それしかないだろ？　それがなかったら、一流のチームとまともな試合なんかできるわけないぞ」

私自身が三流選手であることを棚にあげて、よくもまあ、こんな言い方ができたものだと思います。

選手たちは私に「大阪の三流」と言われて、腹を立てたようです。「絶対に見返してやろう」と、それこそ反骨精神に火がつきました。いつ生まれたか、はっきりとはわかりませんが、選手たちから「岡崎魂」という言葉が出始めました。

1999年秋の日本選手権は、ケガから復帰した山口と岩下の好投で東海地区予選を突破。日本選手権1回戦・プリンスホテル戦ではこの二人の継投で5対2で勝ちました。

しかし、2回戦の松下電器（現・パナソニック）戦では終盤に私の継投ミスが原因で5対6で敗れました。それでも5点ビハインドで迎えた9回の攻撃では、この年の都市対抗で若獅子賞を受賞していた愛敬尚史（元・近鉄ほか）から6安打を打って1点差まで迫る粘りを見せてくれました。

日本選手権後、11月に行われたドラフトでは、山口がオリックスを逆指名して1位で入団しました。

三輪田さんが亡くなってから、約1年後。芽が出ていない自分に注目してくれて、心の支えになってくれた三輪田さんへの、山口なりの恩返しでした。山口はプロ入り後、2002年に当時の日本人最速タイ記録の158キロをマークするなど、球界を代表する速球投手として活躍しました。山口は「今の自分があるのは、三輪田さんのおかげ」と、事あるごとに感謝していました。

また、岩下も同じオリックスから4位指名を受け、プロに進みました。


2000年は山口と岩下が抜けて、苦しい戦いが予想されました。

しかし、京産大から入社してきた新人の平田憲広と、富山商業高出身で2年目の平井孝英の二人の投手が活躍。第1代表として2回目の都市対抗出場切符を勝ち取りました。

この頃、私の父は悪性リンパ腫を患い、静岡県の函南町の自宅で療養していました。

電話で「都市対抗の代表になったよ」と報告すると、「よかったなあ」と言ってくれましたが、その声はかすれていました。

その後に再入院となり、6月24日に亡くなりました。

父は「オレが都市対抗予選中に死んでも、哲也には知らせるな。アイツは今が一番大事な時期なんだから」と言っていたと、後に母から聞きました。

父は、私が中学生の頃からずっと、野球をすることには反対していました。

その割には、私の試合は見に来てくれていました。

高校の3年夏のことです。父が静岡大会1回戦の静岡県立島田商業戦を見に来た時、試合前に草薙球場の横のサブグラウンドで韮高ナインがキャッチボールをしているのを見ていると、何球か悪送球する選手がいました。

「誰だ、あのキャッチボールもまともにできないヘタクソは？」と父が言うと、周りの保護者に「哲也君だよ」と気まずそうに教えられたそうです。そんな私が「大学で野球をやりたい」と言った時は、「絶対にやめろ！」と大反対していました。

それでも慶大の野球部に入った頃からは、「コイツはとことん野球が好きなんだな」とあきらめて、見守ってくれていました。

社会人になってからは、選手時代もコーチ時代も、監督になってからも、都市対抗の試合は予選からほとんど見に来てくれていました。父が都市対抗の重さとか、監督の仕事の責任を理解してくれたというのは、心の底からうれしいことでした。

会社のリコール隠しが発覚

7月の都市対抗では1回戦で北銀クラブに6対2、2回戦でシダックスに4対3で勝利。準々決勝で住友金属鹿島に1対2で惜敗しましたが、初のベスト8進出を果たしました。

準々決勝で敗れた翌日の8月1日、私は岡崎へ戻りました。

その日の準決勝、私の古巣である三菱自動車川崎が住友金属鹿島に20対6で7回コールド勝ち。準優勝した1972年以来、28年ぶり2回目の決勝進出を決め、翌2日の決勝戦で大阪ガスと初優勝をかけて戦うことになりました。

すると、夜になって三菱自動車本社人事厚生部の小林弘知さんから「明日の決勝を見に来るように」と連絡があり、2日の朝に東京へ向かうことになりました。

三菱自動車京都の亀山和明監督、三菱自動車水島（現・三菱自動車倉敷オーシャンズ）の吉田四郎監督も呼ばれていました。3人で一緒に東京ドームのスタンドから三菱自動車川崎と大阪ガスの試合を見ました。

三菱自動車川崎が9対3で勝ち、初優勝しました。帰り際に、私は亀山監督と吉田監督に言いました。

「来年は三菱で連覇しましょう！」

私が選手、マネジャーとしてお世話になった垣野監督がこの年から復帰して、三菱自動車川崎の指揮を執っておられました。垣野監督が胴上げされたのは、もちろん嬉しかった。でも、そこに自分がいないという悔しい気持ちもありました。

「三菱連覇」へ向けて、まずは秋の日本選手権だと意気込みましたが、その出鼻を思わぬ形でくじかれてしまいます。

この年の7月、三菱自動車工業の大規模なリコール隠しが発覚しました。これにより、日本選手権の東海地区予選出場を辞退することになったのです。大会に出場しなくなったこともあり、野球部はこの件に関わる書類のチェックを手伝いました。会議室にこもって、他の社員と一緒に大量の書類を一枚一枚チェックする。それは果てしない仕事でした。

このリコール隠しがさらに社会を揺るがす大事件に発展するとは、この時はまったく想像もできませんでした。

2000年に都市対抗でベスト8に進出したチームが、さらに成熟して2001年に向かっていきました。都市対抗の東海地区予選では、先発の平田から最後は後藤につなぐ継投で守り切る野球で昭和コンクリート、西濃運輸を破り、トヨタ自動車との第一代表決定戦に臨みました。

相手の先発はこの年のドラフトで自由獲得枠で阪神に入団する好投手・安藤優也でした。初回に新人の村田泰教の二塁打と土井裕介（現・観音寺総合高監督）の犠打で一死三塁とすると、福川将和（現・ヤクルト二軍バッテリーコーチ）の犠牲フライで1点をもぎ取りました。この1点を平田、後藤の無失点リレーで守り抜き、1対0で勝利。第一代表として2年連続3回目の都市対抗出場を決めました。

この試合の最大のヤマ場は、8回の守備だったと思います。

無死一塁から、相手はエンドランを仕掛けてきました。ふらふらっと上がった打球がライト線へ。まずい、ノーアウト二、三塁になる！　そう思った瞬間、ライトの仲村耕三が飛び込むのが見えました。

何で飛び込むんだ、同点になっちゃうだろ？　ところが、仲村が打球をダイレクトでキャッチ。すぐさま一塁へ送球しましたが、これはセーフでした。

さらに二死一塁の場面で、二塁を守っている土井を見ると、やや深めを守っていました。土井のポジショニングが深いな。そう思っていると、右中間へ抜けそうな打球が飛んでいきました。そのポジショニングが功を奏します。土井がジャンプしてつかみ取り、チェンジとなりました。

9回にも先頭バッターに一塁線へ鋭い打球を打たれましたが、一塁手の西内宏がジャンピングキャッチ。ピンチを未然に防ぎました。

後藤が最後の打者をセンターフライに打ち取った時、私は「球運」を思わずにいられませんでした。

仲村は尽誠学園高校（香川）時代に夏の甲子園でベスト4に進出した経験があります。土井は観音寺中央高校のキャプテンとしてセンバツ初出場で初優勝を成し遂げています。西内は育英高校（兵庫）時代に四番として夏の甲子園で優勝しています。

私は前監督の光岡さんから「球運のある選手を獲れ」とよく言われていました。彼らはまさに球運のある選手でした。

球運といっても、単に「運がいい」ということではありません。全国舞台で勝ち上がった選手は、やはり勝ち方を知っています。経験値があり、冷静に試合を判断する力があります。「ここは思い切って勝負するべきところだ」という勝負勘。「うちのピッチャーと相手バッターからすると、ここにボールが飛んでくるな」という予測力。これらも球運に含まれます。その球運がある3人が、まさにキーマンになりました。

「I will do my best」

三菱自動車工業は2001年1月に資本提携先のダイムラー・クライスラーからロルフ・エクロートさんを取締役執行副社長兼乗用車部門の最高執行責任者（COO）に迎えていました。三菱グループの野球部は毎年、都市対抗出場を決めると野球部長、監督、マネジャーが経営幹部に出場を報告するのが恒例でした。

この年は岡崎の他、水島、三菱自動車川崎からチーム名を変更した三菱ふそう川崎の3チームが出場。エクロートさん、本社の上層部に会う機会がありました。

会社としては、リコール隠しの発覚で危機的状況に直面していました。その中で、いかにしてエクロートさんに野球部の価値を認めさせるか。私は作戦を練りました。

岡崎工場で通訳を務めていたオランダ人女性のコープマン・エディットさんに、「今度、エクロートさんに会うので、英語で挨拶しようと思うんだけど」と相談しました。エディットは「COOに会うの?」と驚きつつ、アドバイスをくれました。

「こう言ったらいいと思うわ。『I will do my best』。これが一番いいですよ」

「わかった。じゃあ、それだけ言うよ」

それから数日後、三菱自動車工業の本社ビルでエクロートさんに会いました。

一目で高級とわかるスーツをビシッと着こなし、青色のシャツに黄色のネクタイ。エクロートさんがダイムラー・クライスラーグループの鉄道部門であるアドトランツ社の最高経営責任者として事業再建を手がけた実績を持つ人であるとは聞いていましたし、身なりや言葉遣いからもまさに「経営のスペシャリスト」という感じを受けました。

エクロートさんは都市対抗の組み合わせ表を見ながら、何かブツブツと言っていました。通訳によると、「これは昼間の試合か。夜の試合は見に行ける。まずは仕事だ。次に野球だ」と言っていたようです。

その後、野球部長や監督が一人ずつ「頑張ります」と挨拶をする中で、私の番が来ました。

「I will do my best」

すると、エクロートさんはニコッと笑いました。よし、これは掴んだぞ。私は内心でニヤリとしました。

迎えた都市対抗。安藤擁するトヨタ自動車に勝って第一代表になったことで、チームには自信がついていました。

また、補強選手として強力なメンバーが加わりました。

元中日の投手で、JR東海にアマチュア復帰した井手元健一朗。王子製紙のエース・藤田貢（現・王子製紙副部長）。元西武で、アマチュアに復帰して一光の四番を打っていた山田潤（現・東北楽天スカウト）。新日鉄名古屋の四番・林尚克（現・東海REX監督）。JR東海の四番・青山眞也（JR東海元監督）。実力も人間性もある選手たちでした。

補強選手が加わることで、チームに元々いる選手が試合に出られなくなる場合もあります。

1997年にチームにキューバ人選手が加入した時や、1998年の都市対抗に初出場して補強選手が加わった時は、チーム内に「なんでオレが出られないんだよ」という不満の空気が流れるのを感じ取りました。私自身にも温情から元々いる選手を起用するという甘さがありました。

でも、今回は2年連続3回目の出場。「もう優勝しかないぞ」というムードが高まっていました。補強選手が来て競争した結果、最終的に自分は控えに回った。それは受け入れよう。そういう成熟した大人の集団になっていました。

1回戦の住友金属鹿島戦では、補強選手の青山が満塁ホームランを含む5打点、山田も2ランを打つなど打線が爆発して11対9で勝利。前年に1対2で敗れた相手に雪辱を果たしました。2回に6点を奪いながら、一時は8対9とリードされていましたが、選手たちは「逆転するぞ」と笑顔を見せていました。

6回途中から登板した後藤が無失点で逆転劇につなげてくれました。後藤は前年の試合で自らの暴投から決勝点を与えた。そこで学んだ1球の大切さを、この試合に生かしてくれました。

2回戦の日産自動車九州戦は、12対10で勝利。補強選手の林が2打席連続3ランと勝ち越し打という7打点の大活躍をしてくれました。

準々決勝の日本新薬戦では2000年から主将を務めていた野波尚伸がソロ弾を含む3打点。仲村が2ランを含む3打点を挙げて、9対7で勝利。前年を上回るベスト4進出を決めました。

準決勝の日本通運戦は3時間47分の激闘でした。

両軍とも小刻みに得点を重ね、3対3で延長戦に突入します。

延長10回表の攻撃。2四球と犠打で一死二、三塁とすると、暴投で勝ち越し。さらに福川、村田のタイムリーで点差を3点に広げました。

その裏には7回途中から救援していた後藤が一死からソロ本塁打を浴びましたが、後続を2者連続で三振に切って取り、決勝進出を決めました。

この準決勝はナイトゲームだったので、エクロートさんと奥様が応援に来てくれていました。試合後、東京ドームの一塁側ベンチまで二人が降りてきて、選手たちと一緒に記念写真を撮りました。スーツ姿のエクロートさん、ワンピース姿の奥様、そして私たちがベンチを背にして写真に収まりました。

エクロートさんは「明日のファイナル、頑張ってくれ」と激励してくれました。

しかし、決勝の河合楽器戦は3対6で敗れ、準優勝に終わりました。「三菱で連覇」はあと一歩のところで達成できませんでした。

決勝で負けるのは、確かに悔しい。1回戦だろうが決勝だろうが、負けたら悔しいのは同じです。優勝できるチャンスでしたし、戦力だったと今でも思います。一方で、よくここまで来た、よくやった、大会を通じてチームが成長したとも感じていました。

この試合でも、私の甘さが出てしまいました。

2回戦で勝った後、練習日のことです。私はピッチャーの平井に「どこかで先発させるから、しっかり調整しといてくれよ」と声を掛けました。

平井は、前年は平田とのダブルエースという存在でしたが、この年はあまり調子が上がっていませんでした。本来のエースを何とか復活させたい。しっかり投げてくれ。そんな激励の意味がありました。

平井は準決勝で中継ぎとして好投していました。そこで、私は決勝の先発に起用したのです。平井は気負いからか、2回、3回にいずれも二死から失点するなど4回途中3失点で降板。決勝の緊迫したゲームで、追いかける難しい展開になってしまいました。

結果論ですが、準決勝では先発の平田、中継ぎの平井、抑えの後藤という継投だったので、決勝も同じパターンでもよかったのかもしれません。それが、「どこかで先発させるから」という自分自身の言葉に縛られて、判断ミスをしてしまいました。平井には「あの時はそう言ったけど、やっぱり考えを変えた」と言えばそれでよかったのかも……。初出場時の温情とはまた違う話ですが、私自身の甘さだったと反省しています。

決勝戦からしばらく経ったある日。エクロートさんから、野球部全員に手紙が送られてきました。

そこには「あなたたちの戦いは本当に素晴らしかった。特にセミファイナルの日本通運との試合は感動的だった。ぜひこういう姿勢で続けてほしい」という意味の文章がタイプされていて、最後に直筆のサインが入っていました。

その年の秋。神奈川県川崎市の津田山オートスクエアで管理職研修が開かれ、150名ほどが集まりました。

エクロートさんが講話するということで、私は終わった後に挨拶できれば、と思いながら話を聞いていました。

講話が始まって10分ほど経った時、エクロートさんと目が合いました。すると、エクロートさんは話の途中なのに、突然、右手を挙げて「OH! ホリイさん!」と私の名前を呼びました。その瞬間、前の席に座っていた同期入団の川原崎をはじめ受講者全員の視線が私に集まりました。まるで慶大の野球部に入部したばかりの頃にグラウンドで上野さんに呼ばれた、あの時のようでした。

講話が再開され、1時間ほどで終わりました。その締めくくりに、エクロートさんはこう言いました。

「仕事っていうのは、情熱と努力とハードワークなんだ。それを見たかったら、岡崎の野球部を見ろ」

企業のトップが、野球部の価値を理解してくれた。都市対抗初出場時の壮行会では昼休みにランニングする人が横切るような存在でしかなかったのに、そこから3年間でここまで来た。エクロートさんの言葉に、体が熱くなるのを感じました。

第6章　急転

見え始めた光

「今年こそ日本一」と意気込んで臨んだ2003年の都市対抗では、準決勝で三菱ふそう川崎（2001年に三菱自動車川崎から改称）との兄弟対決に0対7で敗れました。垣野監督が率いるチームには歯が立ちませんでしたが、ベスト4進出を果たしました。

このチームは、いわば「大人の寄せ集め集団」でした。

2002年に三菱自動車工業がスポーツを支援する体制を見直し、三菱自動車京都がシーズン終了をもって廃部。三菱自動車水島がクラブチーム化されました。そのため、京都から外野手の北村和久と山内弘一、ピッチャーの元木貴也が、水島から外野手の坂上直樹が岡崎へ移籍してきました。

また、神戸製鋼も2002年で休部となったため、エースの野村昌裕と四番の山本明大が移籍してきました。

新人としては外野手の竹原直隆（元・ロッテほか）、キャッチャーの松田孝仁（現・東京ガスバッテリーコーチ）も入社してきていました。

元々岡崎にいた選手たちには2001年の都市対抗準優勝の経験値がありました。

そのうえ、2002年の8月から4カ月間、キューバ人コーチからバッティングと内外野の守備、走塁を叩き込まれていました。

このキューバ人コーチは「世界一のショート」と言われたヘルマン・メサと、スイッチヒッターの外野手のルイス・ウラシアでした。キューバからのスポーツ交流を目的として、JABAの山本会長が日本に招いていたのですが、「2002年の後半は、二人を岡崎に」と言ってくださって、実現したものでした。

さらに、都市対抗本大会では補強選手として、ホンダ鈴鹿から川鍋篤史と上出真寛、王子製紙から藤田貢、ヤマハから美甘将弘（のちにヤマハ監督）が加わっていました。

各チームの主力選手や新人の力のある選手が新たに加わっても、元々いた選手たちがスンナリと受け入れ、違和感なくチームとして機能しました。それだけ一人ひとりの社会人野球に対する考え方や組織に対する考え方がしっかりしていたのだと思います。そんな集団が、都市対抗で4強入り。2001年の都市対抗で準優勝したチームは、伸びきったゴムのように実力を目一杯出し切ったチームでした。しかし、このチームはそれ以上の力があり、対応力がありました。

監督に就任した当初には空中分解寸前だったチームが、勝つことによってエッセンスが残っていき、純化され、成熟しました。さすがにこの頃は「監督を辞めさせよう」と考えている選手はいなかったと思います。

2001年の準優勝、2003年のベスト4。チームとしての格が1ランクも2ランクも上がった。これで岡崎の歴史は変わる。今までは岡崎魂という名の反骨精神だけでやってきたチームが、洗練された大人の野球ができるチームになるんじゃないか。そんな期待を抱きました。

都市対抗終了後に、野球部の納会が開かれました。納会の後、東副部長に誘われて、二人でスナックに飲みに行きました。

繁盛しているとは言い難い店内で、東さんが私に言いました。

「堀井。今年ベスト4で、来年はもちろん優勝を目指してるかもしれないけど、どんな結果になっても、来年でユニフォームを脱げ」

あと1年で終わり？　そういう話をしたかったから、オレを誘ったのか……。

私は、監督という仕事は1年1年が勝負だと考えています。結果が出なければクビだ、いつユニフォームを脱いでもいい。そういう覚悟を持っています。

それでも、いざ「来年で」と言われると、かなりショックでした。ましてや、結果を出した後に言われるなんて。こんな扱いなのかという、多少の憤りもありました。その夜、東さんと飲んだお酒の味はあまり覚えていません。

午前零時近くなって東さんと別れて、自宅に帰ってからも落ち込んでいました。

普段は妻の里香に仕事の愚痴を言うことはないのですが、その夜ばかりは「オレ、来年で監督は終わりだから」と言いました。

里香は「良かったわね。これで楽になるじゃないの」と言ってくれました。

再びチームに激震

監督は今年で終わり――。この話はコーチ陣にも選手にも告げないまま、2004年のシーズンに入っていきました。

ところが、5月に事態が急転します。

三菱自動車工業は2000年のリコール隠し問題の後、エクロートさんを迎えて経営再建を図っていました。

しかし、2002年1月には神奈川県横浜市で走行中の大型トレーラーの前輪が外れて下り坂を転がり、歩道を歩いていた母子3人を直撃。母親が亡くなり、子ども2人も負傷するという事故がありました。同年10月にも山口県熊毛郡(現・周南市)の山陽自動車で冷蔵貨物車が事故を起こし、運転していた男性が亡くなりました。

三菱自動車工業はこれらの事故の原因は整備不良だと主張していましたが、2004年になって品質に問題があったことが判明しました。

さらに2004年には、2000年のリコール隠しを上回るリコール隠しが発覚。4月には筆頭株主だったダイムラー・クライスラーが資本提携の打ち切りを発表しました。三菱自工の社長に就任していたエクロートさんが辞任。会社は深刻な経営不振に陥っていました。

5月には岐阜県の長良川球場で開催されたベーブルース杯でベスト8まで勝ち上がりました。ちょうどその頃、中日新聞に「岡崎工場が閉鎖される」という記事が掲載されました。

え？　岡崎工場がなくなる？　なくなったら、野球部はどうなるんだ？　私たちは動揺しました。

ベーブルース杯後の5月中旬。都市対抗の東海地区予選に向けて、福井県で1週間のキャンプを実施しました。

そのキャンプ中のことです。私は三菱自動車の人事厚生部の小林部長から、本社へ呼ばれました。連絡があった日の夜に岡崎までいったん戻り、次の日に東京まで行きました。

本社に着くと、小林さんと二人で会議室に入りました。

小林さんは慶大野球部の2学年上の先輩です。そんな方が、すまなそうな顔で私に言いました。

「大変申し訳ないけど、今年は都市対抗、日本選手権を辞退してくれ」

いい話ではないと想像していたけど、まさか辞退とは……。監督最後の年が、こんな形で終わっちゃうのか……。そう思いながら、私は訊きました。

「来年に向けての活動は、してもいいんですよね？」

「いや、待ってくれ。もしかしたら岡崎の野球部はなくなるかもしれない」

辞退だけじゃなく、廃部？　予想していたよりもずっと悪い話に、目の前が真っ暗になりました。私はとっさに言いました。

「だったら、水島みたいにクラブ化しましょう」

「いやいや、堀井。そうじゃないんだ。今は三菱自動車の名前が世に出ちゃいけないんだ。どんなに形を変えようが、何をしようが、ダメなものはダメなんだ。それをわかってくれ。都市対抗の辞退だけで済む話なら、わざわざここにお前を呼んでないんだよ」

今年は都市対抗にも日本選手権にも出られない。来年もわからない……。選手にどう言えばいいんだろう？　困っていると、小林さんに「発表は、会社からするから」と言われました。

逆に、それまで私からは何も言えないということです。それはそれで葛藤がありました。その日のうちに新幹線に乗り、米原経由でキャンプ地の福井まで戻りましたが、道中でもこのことが頭から離れませんでした。

翌日。朝まで降っていた雨が止みました。選手たちはグラウンドを整備して、練習を始めようとしていました。「雨上がりで、今日はどんな練習をするのかな？」「雨で開始が遅れたから、その分遅くまでやるんだろうな」と戦々恐々としていただろうと思います。

私は彼らに「今日はいいよ。各自でやろう」と言いました。

都市対抗に出られない。それどころか、今後のこともわからない。もはやこのキャンプ自体に意味がなくなっている。でも、それはまだ言えない。だから、「今日はいいよ」と言って、逃げてしまいました。

選手たちは「監督、どうしちゃったんだ?」と怪訝な顔をしていました。

福井でのキャンプ後には大阪遠征に行き、オープン戦を実施。大阪ガスと日本生命に圧勝しました。

その間も、私からは何も言えない状況は変わりません。本社から福井へ戻った次の日の朝には不覚を取りましたが、それ以降はできるだけ普段通りに振る舞おうと心掛けました。

後になって考えてみても、この大阪遠征の時が岡崎野球部史上一番強かったと思います。ただ、どれだけ強くても、都市対抗には出られない。オープン戦で勝てば勝つほど虚しくなり、苦しくなりました。

大阪遠征から岡崎へ戻った次の日。野球部全員が集められ、増田勝部長、東副部長から野球部の活動休止と、再開は未定であることが告げられました。

選手たちは「えっ?」という反応でした。

実は、三菱ふそう川崎では、岡崎よりも1日早く発表されていました。川崎では来年の都市対抗と日本選手権の予選には出るから、1年間耐えようという話でした。それが岡崎の選手たちの耳にも入っていました。それが、「どうやら岡崎は話が違うみたいだ」と、だんだんみんなも理解したようでした。

その日から野球部としての活動は停止しました。野球はせず、会社で仕事をする日々。すぐに都市対抗予選が始まりましたが、私たちは完全に傍観者です。私は新聞も見たくありませんでした。

6月中旬には、7月のボーナスが出ないことが決まりました。そのタイミングで、人事厚生部の小林さんから電話が掛かってきました。

「もう聞いてると思うけど、今年は賞与が出ない。夏も冬もゼロだ。岡崎の工場も閉鎖される方向で話が進んでいるから、野球部もなくなるだろう。他のチームでプレーしたい選手は出してやれ」

「え、いいんですか？　そうしろってことですよね？」

「そうだ」

念のため、野球部長の増田さんと副部長の東さんに「小林さんから選手を出してやれと言われましたけど……」と確認すると、「そうしてやってくれ」とのことでした。

そこから私は、移籍を希望する選手の移籍先を探して、東奔西走しました。

プロへ進みたいという竹原と齋藤俊雄（現・オリックスコーチ）は移籍の話は進めず、プロ一本。ピッチャーは平田が日立製作所、花岡浩造がJR東海、後藤が新日鉄名古屋、菊地正法（元・中日）が東邦ガス。久嶋隆行が富士重工。キャッチャーは松田が東京ガス、澤文昭がJR東日本。内野は山本が東邦ガス、村田が三菱重工名古屋、北村宏大が日立製作所。外野は山内が松下電器（現・パナソニック）、坂上が三菱重工広島と、一流チームへの移籍が決まりました。中京高校から入社してきたばかりの榊原諒（元・日本ハムほか）は企業チームでは移籍先が決まりませんでしたが、2005年に関西国際大に入学。玄海英弥が八戸大（現・八戸学院大）に入学しました。

その頃、岡崎工場には社員が約1600人いました。工場閉鎖にともない、水島工場など三菱自動車の他工場への配置転換や、近隣に工場のあるトヨタ自動車グループへの再就職の話が進んでいました。

野球部員だけがドンドン他の企業へ移籍するわけにはいかず、10月1日付で移籍することになりました。

そんな中、野球部が2005年から活動を再開する可能性が見えてきました。

16人も移籍などが決まったばかりなのに、どうすりゃいいんだ？　私自身は2004年限りでユニフォームを脱ぐことが決まっていたので、後任の監督は創部1期生の川口か野波にやってもらうつもりでした。チームが存続するのであれば、後任の監督に引き継ぐ前に少しでも戦力を整えて、戦える状態にしないといけないと考えました。

移籍しなかった元木、仲村、北村和久、座喜味大河（のちに岡崎監督）に加えて社業に就いていたOBのうち、長谷川将彦、小島英之、阿部隆文の3人を野球部に戻しました。

新人の採用については、会社側から「従来のように野球部としての採用はできない」ということでした。私は一般採用で実績のある国公立大学の野球部の成績を調べて、有力な選手に声を掛けました。北海道大の菊池健太、高崎経済大の守田哲也、和歌山大の松田雄志を採用することが決まりました。その他に早大の川口裕章、関西学院大の森本徹、中大の加藤敦史も採用しました。

16人を他へ移籍させながら、一方で6人を新たに採用する。野球部というのは会社の一つの部署のようなものですから、再編したり拡大・縮小したりするのは他の部署と同じ。会社は危機的状況なので、やむを得ないことだと十分理解していました。とはいえ、まるでブレーキを踏みながらアクセルを踏んでいるような気持ちでした。ちなみに、この岡崎野球部は2005年から3年連続で都市対抗出場を果たすのです。

9月下旬になると、移籍する選手たちが次々に私の職場を訪ねてきて、「お世話になりました」と挨拶してくれました。

移籍が決まった後に、野球部の存続が決まった。一流企業に移籍できたとはいえ、行く先でどんな野球人生になるだろうという不安はあったと思います。彼らは翻ろうされた立場なのに、理不尽さを訴えたり、不平不満を言ったりする選手は一人もいませんでした。

一人ひとりの顔を見ながら、寂しくなりました。自分が今まで作り上げたチームが、バラバラに解体される——。そんなやるせなさを感じました。

JR東日本からのオファー

2004年9月末。移籍組を送り出していたある日。私の職場にJABAの専務理事の後勝《うしろ》さんから電話がありました。

「おお、堀井。いろいろ大変そうだな」

「いえいえ。おかげさまで、選手の移籍の話もなんとか決まりましたし、野球部も存続することになりました」

「そうかそうか。いや、実はな、ちょっと話があるんだ。近いうちに東京へ来られないかな？お前を監督として迎えたいという企業があるんだ。実を言うと、JR東日本なんだ。詳しい事は会った時に話すから」

ちょうどその週末に、野球部の新人採用の一環で東京に行く予定がありました。

「今週末なら大丈夫です」

後さんの予定を調整するためにいったん電話を切りましたが、すぐにまた掛かってきました。

「10月1日の金曜日でどうだ？」

「はい、かしこまりました」

電話を切った時点で、私の心は前向きに動き出していました。会社側に話を通さなければならないし、私の一存だけで決められることではありません。それでも瞬間的に、できればお受けしたいと思いました。

社会人野球では、野球を終えてから社業で貢献するのが一つのモデルです。多くの先輩方がそうやってきましたし、私自身も監督退任後は社業で恩返しをしたいと考えていました。それも大事だけど、恩返しを「会社」という枠に限らず、「社会人野球界」と大きく広げて考えたら、どうだろう？　必要としてくれる人がいるのなら、その期待に応えるのも一つの恩返しと言えるんじゃないか。

単純に、野球をやりたいという気持ちもありました。冷静に考えると40歳を過ぎて会社を移るのは、リスクもあります。でも、そんなことは横に置いて、まだ自分が監督として必要とされているのなら、恩返ししたい。そんな気持ちが強くありました。

10月1日。東京都千代田区一ツ橋の毎日新聞社パレスサイドビルにあるJABA事務局へ行きました。

最上階の応接室には後さんと、JABA会長の山本さんがおられました。

山本さんが2005年に会長職から退き、JR東日本の松田昌士会長が後任に就かれる。そのJR東日本がより強化を図るために監督を探していて、山本さんが私を含む数名を候補として挙げた。そんな事情を聞きました。

なるほど、あれはそういう意味だったのか。私には思い当たる事がありました。

6月に都市対抗予選の出場辞退が決まった後、私は山本さんに「会社の方針でしかたないんですけど、本当に残念でした」と電話で報告しました。

その時、「やれることを一生懸命やれ」と励ましてくださったのですが、同時に「チョロチョロするなよ。お前は何かあると、すぐ焦ってチョロチョロするから。いいか、チョロチョロするんじゃないぞ」と釘を刺されました。

言われた時は「クラブチーム化しましょう」と動こうとした事を指して言っておられるのだと思っていたのですが、実は「JR東日本の話があるから、まだ動くな」という意味だったのだと、ようやく理解できました。

しばらくすると、東日本旅客鉄道（ＪＲ東日本）の常務取締役の谷哲二郎さんと、野球部長の出口秀已さんが応接室に入ってこられました。

谷常務は私に言いました。

「来年、弊社会長の松田が日本野球連盟の会長に就任します。ＪＲ東日本は歴史がある野球部ですが、新会長のお膝元がたまに都市対抗に出るような野球部じゃ困るんです。何とか力を貸してくれませんか」

「わかりました。私自身の気持ちは、今日お会いするお話をいただいた時から、前向きに考えると決まっています。ただ、今の会社と野球部の状況から、手放しで喜んでもらえるとは思えません。１カ月、時間をいただけませんでしょうか？　１カ月で社内にきちんと話をしますので」

谷常務が「では、私が挨拶に行きましょう」と言ってくださって、山本さんも「そのほうがいい」と助言してくださったのですが、私は「ここは私の責任で話をさせてください」と答えました。

東京から岡崎に戻ると、すぐに川口と野波を呼んで、二人に打ち明けました。

「実は去年、会社から『来年でユニフォームを脱げ』と言われていたんだ。後任は、川口か野波のどちらかにお願いしたい。それで、オレは今、ＪＲ東日本から監督として誘われている。どう思う？」

川口と野波は答えました。

「どう思うも何も、行くべきですよ、絶対に。何を迷ってるんですか！」

腹は決まっていたとはいえ、「そうか、わかった。じゃあ、あとは二人に任せていいな？」と言いました。

「もちろんです」と、二人は口を揃えて言ってくれました。

その後、岡崎工場の人事部、自分の職場、野球部長の増田さん、副部長の東さんに話を通していきました。

東さんからは「会社で次のポストを用意してある」と引き止められましたが、「それはありがたいですけど、自分は社会人野球界に恩返ししたいと思います」とお断りしました。

これは後日談ですが、その時、東さんは私を「ブン殴ってやろう」と思ったそうです。

ちょうどこの頃、社外の大先輩からは励ましの電話をいただきました。

慶大の先輩で、東芝や日本代表の監督を務め、２００４年からＪＡＢＡ副会長に就任された鈴木義信さんは「堀井、これはいい話だぞ」と背中を押してくださいました。

監督としてヤマハからトヨタ自動車に移籍した経験のある川島勝司さんは「何かあったら相談に乗るから」と言ってくださいました。

自分の中で気持ちは固まっていましたが、先輩たちの言葉に勇気をもらいました。10日ほどかけて岡崎工場の中で話を通して回ると、次は三菱自動車本社の人事厚生部長の小林さんのところへ行きました。

小林さんとお会いするのは、5月の福井キャンプ中に野球部の活動停止の件で呼び出されて以来でした。

応接室に入っていくと、小林さんが私を見るなり、満面の笑みを浮かべて言いました。

「おお、堀井。よく来てくれたな」

あれ？　なんでこんなに歓迎されているんだろう？　不思議に思っていると、小林さんが目を輝かせながら、まくし立てるように言いました。

「堀井は11月1日付で、本社の採用担当課長な。お前は人を見てきたから、この仕事が合ってると思うぞ。せっかく今日、東京まで来たんだから、このままホテル住まいでいいから、仕事をやってくれ。引っ越しとか家族のことは後から取りまとめればいいだろ？」

すでに岡崎の方から本社にも話だけは伝わっていると思っていましたが、そうではないとわかりました。私は恐る恐る言いました。

「あの……。小林さん、すみません。私が今日、来たのはですね……。実は、会社を辞めることにしました。もう工場のほうには全部話が通ってるんですけど……。次はＪＲ東日本に監督として誘われたので、来年から行かせてもらいます。すみません」

小林さんは黙り込んでしまいました。時計の秒針の音だけが聞こえるような、長くて、気まずい沈黙。小林さんは大学時代からすごく怖い先輩だったので、何を言われるのかなと思いながら、沈黙に耐えました。

しばらくたって、小林さんはようやく「いや、オレ、ショックだよ」とだけ、力なく言いました。

後日、小林さんを納得させてくださったのが、同じ慶大の先輩で岡崎の初代野球部長として私を岡崎のコーチに招いた谷尾さんでした。

私も後で知った話ですが、ＪＡＢＡの山本さんから谷尾さんのところに「堀井をＪＲ東日本に、という話がある。どうだ?」と打診があり、谷尾さんは「堀井が望むなら、いいですよ」と答えたそうです。その経緯が谷尾さんから小林さんに伝わり、小林さんも「そういう話だったのなら、しかたない」と納得してくださったようです。

身震いする新たな勝負へ

こうして11月末付で退社することが決まると、私は野球部員を会議室に集めて、報告しました。

彼らは口には出しませんでしたが、「えっ? 監督はオレたちを置いて行くんですか?」という顔をしていました。その日の夜、部員たちを連れて焼き鳥屋へ食事に行ったのですが、終始よそよそしい雰囲気のままでした。

会社が大変な時に、お前だけそんな大企業に行くのか。そう思われても、しかたがないよな。「いや、オレは元々今年で監督を辞めることになっていたから」と説明しても、言い訳にしか聞こえないだろうな……。そう思って、その事はあえて言いませんでした。

10月29日。東京都新宿区にあるJR東日本の本社を訪ね、谷常務にご報告しました。

「三菱を11月末で退社することになりました。12月1日からよろしくお願いします」

「そうですか。それはよかった。そうしたら一度、会長と社長に会ってください」

11月8日、私は改めてJR東日本の本社に呼ばれました。

高層ビルの最上階にある役員会議室に通されました。20名ほどで会議をする広い部屋に松田会長と大塚陸毅社長（現・顧問）が座っておられて、その横に秘書の江藤尚志さん（現・JR東日本スポーツ社長）も控えておられました。

お客さまとして扱っていただき、私は窓を背に座りました。チラッと窓の外を見ると、新宿の街が一望できました。

松田会長は日本国有鉄道の分割民営化に尽力され、「国鉄改革3人組」と呼ばれた方の一人です。その目は、まるで狼みたいな鋭さでした。修羅場をくぐってきた男の、殺気とも言えるオーラが漂っていました。

大塚社長は財務部長や取締役人事部長を歴任された実務家。穏やかで優しそうな表情でしたが、目にはやはり厳しさがありました。

ビジネスエリートを絵に描いたようなエクロートさんとはまた違った、叩き上げの経営トップというお二人でした。いろいろな経営者にお会いしてきましたが、このお二人はただものじゃないと感じました。

経営の重要な意思決定が下される場所で、お二人の存在感に圧倒されながら、この組織の中で野球をやるんだというプレッシャーをヒシヒシと感じました。

谷常務からは、監督を決めるまでの経緯を聞かされていました。松田会長と大塚社長のご意向を受け、まず副社長クラスが話し合い、さらにJR東日本野球部の歴代部長と歴代監督を呼んで話し合うなど、相当な準備と根回しをしながら進めてきたとのことでした。そのお話とこの日の役員会議室での面会から、JR東日本の本気度の強さを感じ取りました。

同時に、自分がこの役員会議室にいることに、不思議な感覚もありました。

窓の外に広がる新宿の街並みを眺めながら、またも球縁を強く感じざるを得ませんでした。三菱重工横浜グラウンドのスタンドでご挨拶して以来、事あるごとに目を掛けてくださった山本さん。そして、山本さんから打診を受けて、「堀井が望むなら」と後押ししてくれた谷尾さんのおかげで、ＪＲ東日本との新たな球縁がつながりました。

ここからまた、新たな勝負が始まる。私は思わず身震いしました。

第7章　ＪＲプライド

監督の仕事とは

2005年の年が明けました。

1月にJR東日本野球部のOB会が開催され、東京都文京区湯島にある会社の施設に約70名が集まりました。

野球部OB会は私の監督就任とほぼ同じ時期に、谷常務のご尽力で発足したばかり。この日が第1回目の会合でした。そこで私は就任の挨拶をしました。

「身の引き締まる思いです。私は、このJR東日本野球部の、ある時代をお預かりします。チームは過去から現在、現在から未来へと連続しています。その歴史の中で、たまたまこの時代を私が預からせていただくということです。中野真一前監督のおかげで、非常にやりやすいチーム状態になっています」

中野前監督の時代には1999年に9年ぶり6回目の都市対抗出場を果たすと、2001年、2003年にも出場。2001年には日本選手権に初出場を果たしています。その中野監督がいて、私がいる。そして、私が次の監督へお渡しする。そう考えていました。

OB会では、微妙な視線を感じました。外様である私が監督になったわけですから、OBの方々からすると、「堀井はどんなもんなんだ？」という値踏みもあったでしょう。

中には「何でアイツが監督をやるんだ？」と思っていた方もいたかもしれません。ただ、そういう不満は表立っては感じられませんでした。そこにＪＲ東日本の組織力を感じました。

チームを移っても、私が監督としてすべき仕事は変わりません。チームを勝たせることと、選手をうまくすること。これに尽きます。

私は現役時代に大した選手ではなかったので、指導者としては精神論者に見られがちです。確かに私自身は気合いと根性でやってきたので、そういう面もあります。「組織とはなんぞや？」という事や礼節などについては細かく、厳しく、とことんまで教えます。

でも、実は技術もすごく大事にしています。科学的なトレーニングや栄養面で体をしっかり作ることも含めて、野球選手としての能力をアマチュアレベルでは最高峰まで高めることを追求しました。私は、そういう両極端な二面性を併せ持っていると思っています。

両極端といえば、野球ではチームプレーが大事ですので、これを徹底的に教えます。全力疾走やバックアップは当たり前。メチャクチャ厳しく指導します。

一方で、選手たちには「まずは個人の能力を伸ばしてくれ」と言っていました。選手がプロを目指すことも大歓迎。プロに行くためにはこういうことをやったらどうか、と後押ししました。個人がプロを目指してレベルアップすることが、チームのレベルアップにもつながります。

個の能力の高い選手たちが、どれだけ同じベクトルでまとまるか。それは監督の仕事です。

個の能力を高めるのは、選手自身の努力によるところが大きい。私たち指導者の役割は選手が自分で努力できるように背中を押したり、きっかけを作ってあげたりすることです。

チームを勝たせるため、選手をうまくするためなら、いいと思ったこと、これは役に立つと思ったことは何でも取り入れました。

特に技術指導においては、自分だけの技術論、指導論にとらわれないようにしていました。

JR東日本の監督に就任した当初、コーチ陣として濵岡武明、守谷武士という優秀なスタッフがいましたが、投手指導では水谷寿伸さん（元・中日）、打撃指導では飯田幸夫さん（元・中日ほか）のお力もお借りしました。

水谷さんは中日で二軍投手コーチをされた方。ピッチャーはスピードとコントロールを両立させるのは難しいものですが、水谷さんは下半身の使い方だけではなく、腕や手の使い方を教えるのが上手で、スピードとコントロールを両立させていました。飯田さんは中日で一軍、二軍の打撃コーチを歴任された方。投手を攻略して、試合に勝つための打撃理論を教えてくださいました。

お二人との球縁は、三菱自動車岡崎時代から続いていました。2002年に社会人野球で使用するバットが金属バットから木製バットに変わったことと、その年に三菱自動車岡崎が都市対抗出場を逃したことがきっかけで2002年のオフから指導に来ていただいたのですが、JR東日本でも臨時コーチとして指導していただきました。

2005年のシーズン直前。宮崎県小林市での春季キャンプでは、まずチームプレーを徹底的に鍛えました。攻撃ではバント、エンドランなどの細かい技術や戦術。守備ではバント処理、牽制、中継プレー、バックアップ……。とにかくチームプレーの基礎・基本の細かい点までを、何度も何度も繰り返してやりました。

当時のエースは、松井光介（現・ヤクルト打撃投手）でした。横浜高校から亜大を経て入社。この2005年が入社5年目のシーズンでした。

彼は、私に「5年目ですけど、プロへ行けますかね？」と訊いてきました。

私は「行けるよ」と大見得を切りました。

松井の投球や守備を見ていると、欠点が2つあることがわかっていました。社会人でエースとして4年間働いていますが、プロへ行くならその点を改善しなければいけない。私は彼に伝えました。

「お前はアウトコースへの球が力んでシュート回転して、長打を打たれるよね、大事な場面で。あれがアウトコースにしっかり決まるようになったり、空振りやファウルが取れるボールになったりすれば、プロへ行ける。あと、もう一つはフィールディングだな。この2つをクリアしたら行けるぞ」

春季キャンプ中は毎日、松井とマンツーマンで守備練習をしました。松井は「こんな練習、横浜高校以来ですよ」と言っていました。

3月上旬のJABA東京スポニチ大会では、2回戦で日立製作所、準々決勝で日産自動車、準決勝で新日本石油ENEOSに勝利。決勝では野村克也監督率いるシダックスに6対2で勝って、4年ぶり2回目の優勝を果たすことができました。

この優勝で、選手たちが「この人の言う事を聞いていれば勝てるぞ」と、私のほうを向いてくれたのを感じました。

3月下旬の東京都企業大会春季大会でも、決勝でシダックスに5対4で勝ち、優勝しました。大田スタジアムで行われた決勝戦の試合後。球場の三塁側選手通用口を出た所でJABAの元会長の山本さんが選手たちにこんな話をしてくださいました。

「社会人野球の歴史で、強かったチームが3つある。まず全鐘紡。黒のアンダーシャツだった。次は日本石油（現・ENEOS）だ。ブルーのユニフォームだ。そして、東芝。赤いユニフォームだ。君たちは、この社会人野球の歴史の中で、4番目のチームにならなきゃいけない。緑のユニフォームで、社会人野球の歴史を作れ」

三菱自動車岡崎が「岡崎魂」なら、JR東日本は「JRプライド」。山本さんの言葉が、その

「JRプライド」を胸に堀井監督と選手たちは戦い続けた

出発点になりました。

4月には、日産自動車とオープン戦を実施しました。その試合後に、相手の渡邉等コーチ（現・茨城日産監督）が私に言いました。

「堀井さん、JRの選手が何かすごく自信を持ってるように見えるんですけど、何をしたんですか？」

確かに、東京スポニチ大会の準々決勝で日産と対戦した試合は、延長までもつれる緊迫したゲーム展開でしたが、選手たちは動じていませんでした。

先発した斎藤貴志（現・帝京大コーチ）が3回、6回、7回と得点圏に走者を背負いながらも踏ん張って、得点を阻みました。0対0のまま迎えた11回の表に2点を取った。その裏には

8回から好投していた山本浩司（現・JR東日本コーチ）が先頭打者を死球で出したのですが、そこから代わった松井が後続を断って、逃げ切った。そんな際どい試合でした。

もちろん、その自信は春季キャンプで野球の細かい部分を叩き込んだことに裏付けされているもののはずです。ただ、そうとは言わず、「いや、大した事は何もやってないよ。まあ、キャンプでちょっと鍛えたけどな」と答えました。何気ない会話でしたが、彼の言葉で私も自信を持ちました。

苦しい戦いを乗り越え

2005年の都市対抗東京二次予選は、苦しい戦いになりました。

2回戦で日本ウェルネススポーツ専門学校に24対1（7回コールド）で勝ちましたが、準決勝でNTT東日本に2対3で敗れました。

次の敗者復活2回戦では東京ガスと対戦。相手の捕手は、2004年に三菱自動車岡崎から移籍した松田でした。そして、うちの捕手は同じく三菱自動車岡崎から移籍した選手で、松田に次ぐ2番手捕手だった澤。この時、私は自分の運命を感じました。

中尾敏浩（元・ヤクルト）の同点2ランなどで8点を奪い、最後は松井が締めて8対6。「ここで負けたら終わり」という試合を勝ち切りました。

敗者復活3回戦はシダックスとの戦い。2回に1点を先制しましたが、4回に逆転されて1対5で敗れました。

そして、第3代表決定戦。相手は鷺宮製作所。ここで負けたら関東代表決定戦に回るという試合でしたが、先発の松井が9回2失点、12奪三振、無四球と力投して5対2で勝ち、2年ぶり9回目の出場を決めました。

「ここで負けたら……」という修羅場を2つ乗り越えて、なんとか勝ち取った都市対抗出場切符。正直、ホッとしました。

会社側からは「長い目でやってくれればいいよ」と言われていましたが、やはり就任1年目での都市対抗出場は、私のその後のJR東日本での監督人生を考えても大きな出来事でした。

後日、谷常務からお聞きした話ですが、鷺宮製作所に勝った後、神宮球場のグラウンドに出る通路でJR東日本の2代前の監督だった柏崎忠さん、3代前の監督だった小松利博さん、5代前の監督だった入江浩さんが手を取り合い、肩をたたき合って喜んでくれていたそうです。

歴代の監督が、そんなに喜んでくださったのか。外様とはいえ、それだけ応援してくださっていたんだな。私はとても嬉しくなりました。

8月の都市対抗では、開幕試合でNOMOベースボールクラブと対戦して、6対1で勝利しました。相手は元企業チームではないクラブチームとしては27年ぶりの出場を決めた話題のチーム。しかも開会式直後の試合。重圧もありましたが、松井が8回まで毎回の10奪三振で1失点と好投してくれました。

2回戦の相手は日立製作所。三菱自動車岡崎から移籍した北村宏大が主将に就任しており、「堀井監督が率いるチームになんか負けてたまるか」という気迫で向かってきました。

5回に市場靖人が右翼席へホームランを打って3対2と勝ち越しました。

その攻撃が終わった後のグラウンド整備中に、私は選手たちの様子を見ていて、ちょっと気が緩んでいると感じました。

スキがあるんじゃないか――。その嫌な予感が的中してしまい、6回表に3点を奪われて逆転され、結局4対5で敗れました。

とはいえ、2年ぶりに出場して1つ勝ったのだから……。そう思っていましたが、大塚社長からは「クラブチーム相手にしか勝てないチームには、グラウンドはまだ作ってやれないな」と言われてしまいました。

当時のグラウンドは千葉県千葉市の幕張にあったのですが、移転する話が水面下で進んでいたようです。1つ勝ったくらいで、まだまだ満足してはダメ。そう仰りたいのだと察しました。

この2005年のドラフトで松井光介がヤクルトから3位指名を受け、社会人で5年を経るという遅咲きでプロ入りすることになりました。

エースの松井が抜けることで、来年は誰がその穴を埋めるのか。思案していたちょうどその頃のことです。

12月25日に山形県と新潟県を結ぶ羽越本線の北余目駅と砂越駅の間で、突風によって特急列車が脱線。死亡者5名、重軽傷32名という大事故が起こりました。これによって、野球部は対外試合を自粛。2006年の都市対抗東京二次予選には、ほぼぶっつけ本番で臨みました。

実戦から遠ざかっていた影響は否めず、初戦で明治安田生命に0対5で敗れました。内容も6安打完封負けと、完敗でした。2次予選の初戦で敗れるのは、チームとしては6年ぶりのことでした。

しかし、もうあとがないこの状況から、選手たちが底力を発揮してくれました。

敗者復活1回戦の東京ガス戦では斎藤貴志が1失点完投して2対1で勝利。同2回戦の鷺宮製作所戦では澤、中尾、片岡昭吾（現・日大監督）がホームランを打つなど打線が奮起して8対5で勝利。同3回戦の明治安田生命戦では中尾、澤、齋藤達則のホームランなどで7対1で勝利。

そして第2代表決定戦のセガサミー戦では斎藤貴志が3安打完封して6対0で勝ち、2年連続10

回目の都市対抗出場を決めました。

初戦の黒星の後、もうあとがない状況に追い込まれてから4連勝。チーム一丸となってよく頑張ったと思います。

都市対抗本大会では、その勢いのままベスト4まで進出。準決勝で日産自動車に1対6で敗れましたが、それまでの最高成績だったベスト8の壁を破りました。

それでも、大会後には松田芳隆OB会長から「日産のバッターを見てみろ。あれだけしつこい。うちのバッターは淡白だ」とお叱りを受けました。

チームとして初めてベスト4まで勝ち上がっても、まだ怒られるのか……。やはり日本一しかない。そう思いましたが、チームの成長に手応えも感じていました。


この2006年の5月26日には、山本英一郎さんが東京都内の自宅で心不全のため亡くなりました。2005年2月にJABAの会長を退任された後も社会人野球の発展に尽力されていましたが、急逝されました。

JR東日本のマネジャーの平賀利彦さんから訃報を知らされた時は、ショックでした。「緑のユニフォームで、社会人野球の歴史を作れ」というお言葉をいただいてから、まだ1年。よい報告をする前なのに……。

6月1日に都内の斎場で執り行われた告別式には、ショックを引きずったまま参列しました。三菱自動車川崎のマネジャー時代に親同然にお世話になった神奈川県野球協会会長の田村稔さんが、棺の中に眠る山本さんの顔を見ながら、「英ちゃん、ごくろうさまだったね」と仰いました。その言葉を聞くと、堪えていた涙がじわじわとにじみました。

私は毎年、山本さんの命日かその前後には東京の高尾山にあるお墓にお参りして、1年間の報告とお礼をしています。

野球人生をかけろ！

2007年の都市対抗東京二次予選では、初戦でセガサミーに3対4で敗れてしまいました。敗者復活1回戦では全府中野球倶楽部に7対2で勝ち、2回戦でNTT東日本とグッドウィルドーム（現・メットライフドーム）で対戦しました。

負ければ終わりというこの試合の中で、最大のピンチが9回裏の守りで訪れます。

3対1と2点リードしていましたが、一死二、三塁からショートゴロが内野安打になりました。1点入って、なお一、三塁。三塁ランナーが還れば同点。一塁ランナーが還ればサヨナラ負けでジ・エンドという絶体絶命のピンチです。

そんな場面で、ショートを守っていた中塚浩太がニヤッと笑いました。彼はその年に立命館大から入社してきたばかりの新人でした。

アイツ、笑いやがったぞ。新人がこんな場面で笑ってるなんて、このチームはたいしたメンタルをしているもんだな。

そんなことを感じていると、相手は飯塚智広（現・NTT東日本監督）を代打に送ってきました。ここはピッチャーの柄沢祥雄が踏ん張って、三塁ファウルフライに打ち取りました。飯塚が内野ゴロを打ちにいって、打ち損じてフライになったような当たりでした。

次の打者は、好打者の平野宏（現・NTT東日本コーチ）。私は、ここで思い切って和多広貴という右サイドハンドの技巧派をマウンドへ送りました。正直、もう本当に目を瞑って……という心境でした。

すると、平野がサードの真正面に強烈なゴロを打ちました。

サードを守っていた石川寛行が、正面で捕りました。しかし、石川は送球が抜けることがある選手です。まだ安心できません。

頼む！　チームの全員がそう祈ったと思います。捕球した瞬間に、ベンチからは「まだまだ！」という声が飛びました。

一塁に無事に送球され、アウト。3対2でゲームセット。なんとか逃げ切りました。

試合後の挨拶が終わって戻ってくると、コーチたちはベンチにへたり込んで、抜け殻のようになっていました。それくらい、壮絶な一戦でした。

都市対抗の予選なんて、会社の関係者か、よほどの社会人野球ファンでなければ注目していないかもしれません。しかし、都市対抗の舞台を目指して、大の大人が必死でプレーしている。予選の一試合一試合に、壮絶なドラマが起きているのです。

この日の野球日誌にはこう書いてあります。

「一瞬たりとも弱気にならない。勝つための策を最後まで、最善を尽くす。これから。次が大事。継投は難しい。最後は信じること」

続く敗者復活3回戦でセガサミーに4対3で競り勝つと、第2代表決定戦で明治安田生命に4対1で勝ち、3年連続11回目の都市対抗出場を決めました。

8月の本大会には、NTT東日本から投手の木城寿一朗、内野手の平野と向後光洋、外野手の北道貢を補強選手として獲得して臨みました。

8月25日。1回戦のJFE西日本戦ではチーム最年長で四番を打つ片岡が2安打2打点、補強選手の向後が3安打4打点。斎藤貴志が6回1失点と投打の柱が活躍して7対2で勝ちました。

この試合後、私は不整脈が出たため、入院することになりました。

2005年から3年続けて東京二次予選での「負けたら終わり」という土俵際の戦いを勝ち抜き、本大会出場を決めた。その緊迫感に私の心臓が耐えられませんでした。外様としてJR東日本に来て、負けられないというプレッシャーは、自分が思っている以上に私の身に降りかかっていました。2004年の春頃に不整脈と診断されて、それから薬を服用していたのですが、この時は薬を飲んでも収まらず、入院せざるを得なくなりました。東京都品川区旗の台にある昭和大学病院に入院。2回戦の日本生命戦以降は、病院から東京ドームに通いました。

チームの練習は見ることができず、練習の様子はコーチの濵岡から電話で報告してもらっていました。

試合当日には、練習後に濵岡とマネジャーの平賀さんに病室まで来てもらって、各選手の調子など状態を確認したうえでスタメンを決め、私は試合開始直前にチームに合流するという形をとっていました。そんな状態でしたが、2回戦の日本生命戦に4対0、準々決勝の王子製紙戦に3対0、準決勝の鷺宮製作所戦に4対3と、勝ち上がりました。選手たちは「優勝が一番の薬になる」と、必死に戦ってくれました。

しかし、準決勝が終わった瞬間に、私はもう限界だと思いました。ただでさえ東京ドームで試合をすると心臓がバクバクするのに、この時はもう心臓が跳ね上がって、暴れまくっているようでした。目まいと吐き気に襲われて、体にはかなりのダメージを受けていました。

決勝はムリだ。テレビ中継もある一大イベント。そんな大舞台で、ベンチで倒れているわけにいかない。

私は石川明彦部長だけに「明日は無理かもしれない」と打ち明けました。

石川部長が「わかりました。こっちは何とかします。スタメンのほうはコーチと話し合って頼みます」と言うので、「最善の努力をします。すみませんが、もしもの場合はご了承ください」と答えました。

9月4日、東芝との決勝当日。試合前に濵岡が病室に来ました。

「決勝のメンバーはこれでいいですか？」

私は入院着のままベッドの上で体を起こし、メンバー案に目を通しました。

「よし、これでいいよ」

一息ついてから、こう続けました。

「ただ、今日の決勝戦、オレは行けない」

濵岡の顔が、見る見るうちに真っ青になりました。

「今、主治医を呼ぶから。濵岡も話を聞いてくれ」

しばらくして、担当の浅野拓先生が病室に入ってきました。

「先生、今日は都市対抗の決勝戦なんですが、休もうと思うんです」

私がそう言うと、浅野先生は即座に言いました。

「監督、大丈夫ですよ。今日は強い薬を使うから。2、3日は持ちますよ」

え？　大丈夫なんだ。医者がそう言うなら、死ぬことはないのか。

浅野先生は、最初は社会人野球の監督の仕事がどういうものか、わかっていなかったようです。私が病院から出かけて、時には門限の時間よりも後になって帰ってくるのを知り、看護師さんにもいろいろ聞いて、今は都市対抗の真っ最中であること、その責任が重大であることがわかったのでしょう。「それなら」と、強い薬を使うことを提案してくれたのです。

生きたい。グラウンドで死ぬのも悪くないかもしれないけど、人生を大事にしたい。そう思いました。

この経験から、私は「死ぬ気でやれ！」というような言葉は使わなくなりました。その代わりに「野球人生をかけろ！」と言うようになりました。


兎にも角にも、私は処置を受けてから東京ドームへ向かいました。

東芝との決勝戦では、私がそんな状態だったので、選手が気負ったのかもしれません。

初回、先発の斎藤貴志が立ち上がりに制球を乱します。2四球と安打で無死満塁とすると、三菱ふそう川崎からの補強選手で「ミスター社会人野球」と呼ばれていた西郷泰之にライトへ満塁ホームランを打たれてしまいました。西郷は、私が三菱自動車川崎のマネジャーだった時代に入社してきた選手です。

1対7で迎えた9回に中尾のソロホームラン、五十嵐卓也の3ランホームランで4点を返す粘りを見せてくれましたが、5対7で敗れました。

優勝は逃しましたが、昨年の初の4強入りに続き、監督就任3年目で準優勝。あと一歩のところまで駆け上がりました。選手たちは本当によく戦ったと思います。

この大会で片岡は打率・474、6打点で敢闘賞にあたる久慈賞を獲得しました。片岡は「監督に優勝をプレゼントしたかった」と悔しがっていました。

9月下旬には社内で準優勝報告会が開かれました。その時、谷常務が社員に向けて「東芝の選手のあの喜び方を見たら、都市対抗で優勝するというのはどれだけ大変なことか、皆さんもわかりましたよね」と仰いました。

谷常務は東芝の選手たちが優勝が決まった瞬間にマウンドに集まり、倒れ込むようにして抱き合って喜んでいるのを目の当たりにして、都市対抗で勝つ難しさを理解してくださったようです。

都市対抗での準優勝から約2カ月後に、心臓の手術を受けました。カテーテルという直径2ミリくらいの細い管を心臓内に挿入して、不整脈の元になっている部分に電流を流して焼くというもので、6、7時間かかりましたが、無事に終わりました。

その後、11月の日本選手権では準々決勝まで進出しました。JABA京都大会（5月開催）を初制覇して6年ぶり2回目の日本選手権の出場権を獲得。都市対抗の準優勝を経て、日本選手権でもベスト8まで一気に突っ走った。そんな1年間でした。

背番号「73」に込めた思い

2008年に向けて、背番号をそれまでの「77」から「73」にして迎えました。

「77」は三菱自動車岡崎の監督2年目から、地元・ドラゴンズの星野仙一さんと同じ番号にしようと思って着けていました。

心臓の手術のことがあったので、2008年に心機一転して、藤田元司さん（元・巨人監督ほか）の「73」にしようと思い立ちました。

藤田さんは慶大の先輩です。国際武道大の岩井美樹監督の義父にあたる方で、岩井さんを介して何度かお会いしたことがありました。2006年に亡くなられていましたので、藤田さんのお墓に背番号「73」のユニフォームを持ってお参りして、「『73』を着けさせていただきます」と報告しました。

この年は、ベテランの斎藤貴志と若手の小杉陽太（2022年から横浜DeNAコーチ）の二本柱でした。私は、安定感のあるベテランと、球の勢いがある若手が揃うのが投手陣の理想だと考えていました。斎藤貴志と小杉はまさに理想の組み合わせでした。

東京二次予選の第2代表決定戦でセガサミーに5対4で逆転勝ちして、4年連続12回目の出場を決めました。都市対抗では2回戦、ベスト4、準優勝ときていました。次は優勝しかない。意気込んで、大会直前の7月下旬から8月上旬まで北海道札幌市でキャンプを実施しました。

キャンプ中は毎日朝5時から大通公園の芝生で朝食前のウォーミングアップをしていたのですが、ある日、小杉が遅刻してきました。

小杉は、二松學舍大学附属高校から大学に進学しましたが、2年時が終わった時期に中退。一時は野球を離れてアルバイト生活をしていました。母校のグラウンドで練習を再開していたことを知ったロッテの井辺康二スカウトが、私に電話をくれました。

井辺さんは私の2つ年上で、東海大一高のエースだった方。同郷の先輩ということもあって、何かと気にかけてくださいました。

「堀井、小杉って知ってる？」

私は彼が大学1年生の時に投げているのを見たことがありました。

「ええ、知ってますよ」

「今、二松学舎で練習しているんだけど、次の道を探しているみたいだぞ。お前のところはどうだ？」

それで、すぐに会いに行きました。すぐに「モノが違う」とわかり、2007年に入社してきた投手でした。

勝つためには小杉の力が必要でしたが、だからといって、遅刻した選手を特別扱いはできません。小杉に「北海道キャンプでの練習禁止」という罰を与えました。

私は三菱自動車岡崎のコーチだった頃、選手たちに意識の高さを植え付けたくて、女子バスケットボールのシャンソン化粧品の中川文一監督にお願いして練習を見学させてもらったことがあります。中川監督は「ウチの選手にとって一番の罰は、練習できないことだ」と仰っていました。その時から、私は「試合で起用しない」というような罰ではなく、練習を禁止して、その間にチームのサポート役に回ることで仲間からの信頼を取り戻させるようにしていました。

ただ、結果的には、都市対抗では小杉を起用しませんでした。練習を禁止した影響でコンディションが上がらなかったのです。でも、それはやむを得ないことでした。

1回戦の日本生命戦では斎藤貴志が7回途中2失点と好投して、4対2で勝ちました。しかし、2回戦ではHondaに1対3で敗れました。斎藤貴志が6回2失点と試合を作りましたが、NTT東日本からの補強選手・清田育宏（元・ロッテ）をケガで欠いた打線が援護できませんでした。

小杉は都市対抗では登板できませんでしたが、この年のドラフト会議で無事に横浜ベイスターズ（現・横浜ＤｅＮＡ）から5位指名を受け、プロに進みました。

都市対抗では早々に敗退してしまいましたが、10月の関東予選を突破して2年連続3回目の出場を果たした11月の日本選手権では、2年連続ベスト8まで勝ち上がることができました。


２００９年。都市対抗東京二次予選では、準決勝でＮＴＴ東日本と対戦しました。

この年から、ＮＴＴ東日本の監督に垣野さんが就任されていました。

垣野さんは２０００年から三菱自動車川崎の監督に復帰され、同年の都市対抗でチームを優勝に導きました。２００３年の都市対抗では、私は三菱自動車岡崎の監督として準決勝で胸を借りましたが、0対7で敗れています。三菱ふそう川崎が２００８年のシーズンをもって活動休止となったため、垣野さんはＮＴＴ東日本に移られたのです。

その試合で、私は相手ベンチで指揮を執る垣野監督を意識せざるを得ませんでした。

ある光景が脳裏によみがえりました。

垣野さんは１９８９年に三菱自動車川崎の監督をいったん退任された後、ユニフォームを着ていない時期に三菱自動車岡崎の立ち上げに尽力してくださり、折を見てはバッティングの指導をしてくださっていました。

1998年に岡崎が都市対抗初出場を決めた、西濃運輸戦。あの試合も見に来てくださっていました。垣野さんはその日はどうしても仕事があるということで、試合の途中で神奈川に帰られました。

西濃運輸との試合が終わった後、私は垣野さんに電話をしました。垣野さんは、ちょうど新幹線で新横浜に着いたところでした。

「で、どうだった?」

「勝ちました!」と報告すると、垣野さんは「良かったな!」と声を弾ませて、自分のことのように喜んでくださいました。

私はその電話でのやり取りを、頭から振り払いました。

2003年にも監督として対戦していますが、あの時は都市対抗準決勝での兄弟対決。今回は、都市対抗出場が懸かった試合です。胸を借りるというより、倒さなければならない相手です。

しかし、また勝てませんでした。2対1とリードして迎えた9回表に梶岡千晃(現・NTT東日本コーチ)のタイムリーで2点を奪われ、2対3で逆転負けしてしまいました。

試合中は目の前のプレーに集中するというより、垣野監督がベンチでどんな表情やしぐさをしているかを気にし過ぎていました。

やはり恩師の偉大さから、垣野監督が次にどう動いてくるのかを怖がっていたのだと思います。なんとか一泡ふかせたいという邪心もあったかもしれません。チーム対チームの勝負ではなく、自分で勝手に垣野さんと勝負して、敗れたのです。

続く敗者復活2回戦でもセガサミーに終盤に逆転され、2対5で逆転負け。予選敗退が決まってしまいました。

この日、野球日誌に「本当の力とは？　本気とは何か？　何が足りなかったのか……」「NTT戦　本当に弱いゲームをした。この5年間何をやってきたのか」と書きました。

監督に就任してからここまで順調にきていただけに、予選敗退のショックとその揺り戻しは大きいものでした。それまでは「よくJR東日本に来てくれた」「よくやってくれた」というようなお褒めの言葉を頂いていましたが、この年の都市対抗出場を逃した時は、「誰だ、堀井をうちに連れてきたのは？」といった、急に掌を返すような言葉が耳に入ってきました。

私は、JR東日本の常務取締役から副社長を経て、ルミネの代表取締役社長になられた谷さんに都市対抗後の挨拶をするため、JR東日本本社ビルへ行きました。

谷社長に「本当に申し訳ございませんでした」とお詫びしました。

谷社長は「また頑張ってください」と穏やかに言ってくださいましたが、私は「もし次に都市対抗出場を逃すようなことがあったら、私はこの会社で野球をやっていけません。その時には、自分から身を引きたいと思います」と言いました。

谷社長は「いやいや、そんなことはないですよ」と言ってくださったのですが、少し考えてから「その時の会長と社長に相談してください」と仰いました。

次に負けたら、ユニフォームを脱ぐ。この時の覚悟が、後の2019年までの10年連続出場に繋がっていきます。

歴史は繰り返すと言いますが、2009年の都市対抗予選で負けた瞬間に、チームは内側から崩壊しそうになりました。やはり負けるといろいろな不満が噴出して、選手の士気もバラバラになっていくものです。

これではいけない。なんとかしなければ……。

私たちが負けてからの試合を目に焼き付けようと、東京の第1代表決定戦、第2代表決定戦、第3代表決定戦と関東代表決定戦を見るために、選手を連れて球場へ行きました。

東京の代表決定戦は神宮球場、関東代表決定戦は千葉マリンスタジアム（現・ZOZOマリンスタジアム）。私はスタンドの一番前のほうで、選手たちは後ろのほうで試合を見ました。

そうすると、「選手をこんなさらし者にして」といった、いろいろな雑音が聞こえてきました。

やはり、負けたらいろいろなことを言われるんだな。結局、優勝するしかない。そんなことを思いながら、試合を見ていました。

また、負けた悔しさを体に染み込ませようと、猛練習をしました。毎日、会社の仕事が終わった後に幕張グラウンドで練習しました。ナイター照明を点灯して、23時頃までやりました。都市対抗の決勝戦の日まで、休みなしでした。

この年は都市対抗の補強選手に13名が選ばれました。彼らはそれぞれのチームに合流していきましたが、残った選手は約40日、続けて練習したことになります。これは本当にキツかったと思います。この幕張グラウンドでの猛練習に耐え抜いた斎藤達則、松本晃（現・ＪＲ東日本コーチ）らが後に主力として成長してくれました。

２００９年の10月には、千葉県柏市に新たに柏野球場が完成しました。

幕張のグラウンドはファウルエリアが狭く、ホームベースの上空にファウルボールがグラウンドの外へ飛び出すのを防ぐネットを張っていたため、オープン戦は全試合をビジターで実施していました。

柏野球場は両翼１００メートル、中堅１２２メートルと東京ドームと同じ広さです。ホームの試合が可能になりました。

サブグラウンドもある。併設の室内練習場は内野の守備練習ができるほどの大きさがあり、マシンが設置されている打撃ケージが3レーン、ブルペンが4レーンある。トレーニングルーム、トレーナールームも完備されました。

　この恩恵は、チームにとって大きかった。なにしろ雨が降ろうが、夜間だろうが、いくらでも練習できます。練習量は幕張グラウンド時代とは雲泥の差になりました。

　ただ、新球場ができた当初は、近隣に住む皆さんに歓迎されてはいませんでした。

　地域の住民の方々と関係を築くために、まずは挨拶から始めました。これには原体験があります。ある時、JR東日本の東京支社の10階にある社員食堂でメンタルコーチの布施努と一緒に食事をしました。食堂を出た後、布施が、「堀井さん、社長みたいですね」と言いました。

「どういうこと？」

「いや、堀井さんが動くと、みんなが堀井さんのほうを見てますよ」

　私が知らない人でも、相手は私のことを知ってくれているかもしれない。会釈や挨拶はしないといけないな。野球部を応援してもらうというのは、そういうことだ。そう気付いたのです。

　合宿所からグラウンドまで7、8分ほどの距離でしたが、選手たちには「誰に会っても、挨拶しよう」と言いました。

　すると、2、3年ほど経った頃には、近所の方々がグラウンドに練習を見に来てくれるようになったのです。だんだん人は増え、オープン戦をすれば人で満杯になった。そのうち「席数が足りない」ということになり、増設するまでになりました。

野球部の組織やグラウンドは、公共のものです。その公共のものを、私がある時代だけお預かりする、ということです。

「公共のもの」という考え方は、稲葉誠治さんから影響を受けています。1956年から1959年まで慶大の監督を務められ、その後は日本通運、流通経済大でも指揮を執られた方です。

柏野球場には、近くに住む野球人も集まってきてくれました。佐賀県立佐賀商業高校、千葉県立千葉商業高校、千葉県立印旛高校、千葉県立柏陵高校の公立4校を甲子園に導いた蒲原弘幸さん、息子の荒井修光（元・日本ハム）と親子鷹で千葉県立我孫子高校を甲子園に導いた荒井致徳さん、日本通運で選手、マネジャーだった渡辺紳六さんといった人たちが柏野球場の近くに住んでおられて、グラウンドに顔を出してくれていました。

渡辺さんは、「堀井ちゃんは、稲葉さんみたいだな。稲葉さんもOBやスカウトを『よく来たな』と受け入れて、ベンチに座らせて話をするような方だったよ」と仰いました。

私は稲葉さんのそういう姿にすごくあこがれていて、自分もそうありたいと考えています。

第8章　社会人日本一へ

「3・11」と問われた野球をやる意義

2011年のシーズンから、銚子利夫が臨時コーチとして加わってくれました。銚子とは東京六大学リーグの同期として、しのぎを削った仲です。

といっても、銚子に「大学4年秋の慶應との3回戦で、サヨナラのホームを踏んだのが銚子だったな」と言うと、彼は「え、そうだっけ?」と覚えていませんでした。こっちは必死でも、向こうはそうでもなかったんだな。それくらいの差があったから負けたんだと思いました。

銚子は法大を卒業後に大洋、広島で10年間プレー。その後は横浜ベイスターズでコーチを13年、編成を2年、スカウトを1年務めて、2009年で退団していました。

2010年のシーズンオフに開催された東京六大学の同期会で会った時、「一度、JR東日本を教えてくれないか」とお願いしたのがきっかけで、内野守備と走塁を指導してもらいました。

私が高校3年の夏に静岡大会で負けて受験勉強に切り替えた頃、銚子は市立銚子高校のエース兼四番として甲子園に出場していました。テレビで見る彼はスーパースターでした。甲子園に出るのはこういう選手なんだなと思った記憶があります。

その銚子と学生時代にともに神宮で対戦し、時を経て同じチームで監督とコーチとしてともに戦うことになった。まさに球縁を感じました。

3月のJABA東京スポニチ大会ではAブロックリーグ戦で日本通運、トヨタ自動車、日本製紙石巻に全敗しました。

3月11日。私は神宮球場で東京スポニチ大会の準決勝の2試合を観た後に、柏野球場へ向かっていました。

14時46分。東日本大震災が発生しました。

神宮球場では、JX-ENEOS（現・ENEOS）対NTT西日本の決勝戦の開始直前に強い揺れが発生したため、試合開始を15分遅らせてプレーボール。しかし、1回の表にまた強い揺れが発生したため、試合は中止となったそうです。

その後、発生から時間が経つにつれて甚大な被害の状況が明らかになっていきました。

揺れや大津波、火災などにより、東北地方を中心に多数の死者や行方不明者が出ていました。

JR東日本では、東北新幹線で仙台駅の天井が崩落するなど5つの駅で大きな被害があったほか電柱、架線、高架橋の橋脚、レールなど至る所が損傷しており、運転再開の目途が立たない状況でした。首都圏でも常磐線が運休になるなど大混乱でした。

こんな状況で、野球どころではない――。選手たちはみんな、そう考えていました。それは私も同じでした。

震災後しばらくの間、野球部はいつでも駅など現場の手伝いに出られるように、待機していました。その間、グラウンドでの自主トレは自粛こそしていませんでしたが、とてもそれどころではありませんでした。

選抜高校野球は予定通り3月23日から開催されることになり、プロ野球も4月12日にセ・パ同時に開幕することが決まりました。

社会人野球は3月25日の日本野球連盟の理事会で、都市対抗について開催時期や開催球場を変更した上で開催することを決定しました（その後、5月19日の臨時理事会で、10月に京セラドーム大阪で開催されることが決定。これにともない、日本選手権は中止が決まりました）。開催されると決まったものの、うちはどうなのか。今の会社の状況で、果たして出られるのか。心配や不安ばかりが募り、なかなかモチベーションもコンディションも上がらない日々が続きました。

そんな4月のある日。JR東日本の清野智社長（現・JABA会長）がグラウンドにお見えになりました。

清野社長は選手全員を前に、こう仰いました。

「都市対抗予選には出る。会社も営業エリアの地域のお客様もみんな大変だけど、野球部は都市対抗に出てくれ。そして、出る以上は、みんなに勇気を与えてくれ」

清野社長のお言葉で、私たちの目標が決まりました。そこからその目標に向かい、ひたすら練習して、オープン戦を実施していきました。6月末に開催された都市対抗の東京二次予選では、初戦でREVEBGE99を16対1（7回コールド）、準決勝でセガサミーを8対1、第1代表決定戦でNTT東日本を9対1で破って10月に京セラドーム大阪で開かれる本大会への出場権を獲得しました。

投手陣では十亀剣（現・西武）が軸になって好投。打線は全試合で2ケタ安打と、投打が嚙み合いました。

2年目を迎えた十亀は、ドラフト候補に成長していました。

入社1年目は力任せのフォームで、球は速くても、コントロールにバラつきがありました。私は十亀に「ブン投げても絶対いいピッチャーになれない。プロに行くにはコントロール。最後は精度なんだぞ」と言い、フォーム修正を促しました。

水谷さんの指導で取り組み始めましたが、当初は私たちの目が届かない所では元の自分のフォームで速い球を投げようとしていました。

私が柏野球場のレフト側にある入り口からグラウンドに入った時、一塁側のブルペンで十亀が力任せに投げているのを目にすることがしばしばありました。

そんな時は、グラウンドの端から届く大声で、「十亀！」と言いました。彼を「速い球を投げたい病」から正気に戻すのが、私の役割でした。

都市対抗予選後には、安田猛さん（元・ヤクルト）が臨時コーチに加わりました。

安田さんとの球縁は、長倉春生さんが繋いでくださいました。

長倉さんは静岡高校出身で、早大と大昭和製紙で捕手として安田さんとバッテリーを組んでいた方。安田さんのあの超スローボールは、長倉さんのアドバイスがきっかけで生まれたものです。

長倉さんは大昭和製紙で監督を務めた後、地元の静岡県伊豆市でスポーツ店を経営されていました。韮高によく来て教えてくださっていた縁で、その後も食事をご一緒させていただくなどお世話になっていました。

私が三菱自動車岡崎の監督だった頃、長倉さんに「堀井君は将来、慶應の監督になるぞ」と言われ、驚いたこともあります。

長倉さんの紹介で安田さんとお会いして、臨時コーチ就任をお願いしました。

安田さんが就任された時、選手たちにこんな話をしてくださいました。

「僕は大昭和製紙時代に都市対抗で橋戸賞をもらったんですね。これは僕の野球人生で、最高の栄誉なんです」

安田さんは小倉高校のエースとして甲子園にも出場していますし、早大ではリーグ優勝も経験されています。ヤクルトでも球団史上初のリーグ優勝に貢献されています。新人王のタイトルを獲っていますし、81イニング連続無四死球の記録も作っています。そんな安田さんが、最高の栄誉が橋戸賞だと言う。これには私はもちろん、選手たちもびっくりしたと思います。安田さんのこの言葉で、都市対抗優勝の価値や重みが改めてわかりました。

銚子と安田さんの加入が、JR東日本の快進撃の大きな原動力になっていきます。


8月には、第1回東北復興野球交流試合に参加しました。光星学院（現・八戸学院光星）の金沢成奉総監督（現・明秀日立高監督）らが「東北の人たちに少しでも勇気を与えるために、復興試合や野球教室をやろう」と呼びかけて実現した大会でした。

花巻球場でTDKと対戦しました。とても暑い日でしたが、地元の高校生や中学生が自転車で球場に詰めかける光景が見られました。

試合前に球場の本部室で打ち合わせをしていると、岩手県立大槌高校の佐々木雄洋監督が「大槌高校の佐々木と申します」と訪ねて来られました。

大槌町が震災で大きな被害を受けたことは知っていました。

「大槌って、すごい被害だったそうですね」と私が言うと、佐々木監督は「そうなんです。実はうちの選手で2人、親が亡くなりました」と答えました。

それを聞いた瞬間、さっき見た球場の周りの光景がぱっと消え、震災の現実が脳裏に蘇ってきました。

私は少しの間、考えてから、こう提案しました。

「じゃあ、ぜひ大槌高校の選手をシートノックに入れましょうよ。試合中はベンチにも入ってください。今日1日、一緒に野球をやりましょう」

TDK側にも了承を得て、大槌高校の選手と一緒に試合前にキャッチボールをしたり、シートノックを受けてもらったりしました。試合では三塁側の私たちのベンチに入ってもらいました。試合中はいいプレーがあるとハイタッチをしたりしながら、選手たちといろいろな会話をしていました。

JR東日本の選手たちには、大槌高校の選手が合流する前に簡単に事情を説明していました。

「今日、実は大槌高校の野球部が来ている。今日は一緒に野球をやろうと思う。試合中も一緒にベンチに入って、一緒に戦おう。この中に2人、親が亡くなった子がいる。だけど、そのことには一切触れないようにしよう。何もなかったようにやろうよ」

選手たちもそれに応えて、立派にやってくれました。

念願の都市対抗優勝

10月22日。都市対抗が京セラドーム大阪で開幕しました。東京以外で開催されるのは、大会史上初のことでした。

開会式では、出場した全32チームの選手が震災の犠牲者に黙とうを捧げました。東北地区の第1代表・JR東日本東北の長谷部純主将の選手宣誓には「今、生きていること。働けていること。野球ができることに感謝の気持ちでいっぱいです」という言葉が含まれていました。

長谷部主将の選手宣誓には、心を動かされました。翌日の新聞に、この選手宣誓が全文掲載されていました。私はその新聞を宿舎の部屋の机の上に置き、大会中は毎日読み返していました。

チームには補強選手として鷺宮製作所からピッチャーの小高幸一と、外野手の村上純平の2人が加わりました。松元孝博監督がこの2人の性格やプレーの特長を細かく教えてくれて、アドバイスをくれていました。チームにとって大きな戦力でした。

10月24日。1回戦の富士重工戦では、先発の十亀が1対0で迎えた9回二死から四球と安打で一、二塁としましたが、左腕の片山純一を救援に送って逃げ切りました。

片山はJR西日本が2005年6月にいったん休部したため、移籍してきた選手です。元々オーバースローの本格派だったのですが、速球を芯で捉えられることが多いピッチャーでした。

2009年の春季キャンプでサイドスローに転向したことで大きく飛躍。2016年に引退するまでに3度の社会人ジャパン入りも果たすほど、社会人野球の中心的存在になりました。彼がいたからこそ、十亀ら若いピッチャーを安心して起用できました。

10月29日、2回戦のヤマハ戦。2回に二死一、二塁の場面で、山口将司がセンター前にヒットを打ちました。

ところが、二塁走者だった主将の齋藤達則が三塁を回ったところで左足を負傷して転倒。そのまま立ち上がれなくなってしまいました。点は入らず、齋藤は担架で運ばれて、そのまま救急車で病院へ直行しました。

齋藤達則は日本大学第三高校の3年時（2001年）に夏の甲子園で全国制覇。明大では主将を務め、4年（2005年）の春のリーグ戦では首位打者を獲得した選手。私が監督に就任したのと同じ2006年に入社して、2009年のシーズンから主将に就任しました。練習では誰よりも遅くまでグラウンドに残っている。試合では最後まで絶対にあきらめない。「JRプライド」を象徴する、チームの精神的支柱でした。

彼は元々肉離れ気味だったのに、この試合では「六番・一塁」のスタメンで無理をしてプレーしていました。この場面は二死一、二塁でフルカウントでした。齋藤は自動的にスタートを切ったのですが、山口がファウルで粘ったため、何回もスタートを切ることになって、足に負担がかかっていました。

その結果が、前十字じん帯と大腿四頭筋の断裂。医者に言わせれば「交通事故並みの大ケガ」でした。

まず大腿四頭筋が切れ、次に前十字じん帯が切れたようです。それでも彼はなんとか1点取りたいと、ホームに向かって走っていました。その執念は、チームに伝わりました。

十亀が4回途中2失点で降板したのですが、救援した片山、金卓史、斎藤貴志が追加点を阻みました。打線は5回に鷺宮製作所からの補強選手・村上が右中間へ3点三塁打を打って何とか逆転して、5対2で勝ちました。

試合が終わる頃には、齋藤達則は松葉杖をついてベンチまで戻ってきていて、仲間の勝利を讃えていました。そんな中、齋藤達則に代わって出場した石岡諒太（現・中日）が三塁側のベンチに座って、泣いていました。彼は神戸国際大付属高校から入社してきた高卒1年目の選手。主将の代役で途中出場して4打数3三振と、打てなかったことが原因でした。すると、齋藤達則が「バカヤロー、お前一人で野球やってるんじゃねえんだぞ。何を泣いているんだ」と叱咤しました。

自分が大ケガを負ったばかりなのに、「チームとは何か」ということを19歳の新人選手に教えてくれたのです。

この大会中、私は齋藤達則をずっとベンチに入れました。

10月30日の準々決勝・三菱重工広島戦では6回に二死二塁から4連打で3点を奪うと、7回には石岡がレフト前へタイムリーを打って1点を追加。鷺宮製作所からの補強選手・小高が先発して9回二死まで無安打に抑え、4対0で勝ちました。

10月31日の準決勝の相手は、JR東日本東北でした。初回に2点を先制してなお二死一、二塁から「七番・一塁」の石岡がライトオーバーの2点タイムリー二塁打を打つなど、いきなり5得点。6対3で勝って、初めての決勝進出を決めました。

決勝では被災地である東北代表としてここまで戦ってきたJR東日本東北の思いも背負って戦わなければならない。そう思うと、身が引き締まる思いでした。

11月1日の決勝戦は、NTT東日本との大会史上初の東京対決となりました。

垣野監督が率いるチームが相手です。ただ、私はこれまでのようには垣野監督を意識していませんでした。

2009年の都市対抗東京二次予選でNTT東日本に敗れた後、試合中に相手の監督を見るのはもうやめようと思いました。相手の監督を意識しても、ろくなことはないとわかったからです。それからは垣野監督に限らず、相手の監督を意識しすぎないようになりました。

コーチが、「今、向こうがバタついてますよ」とか「相手は少し元気を取り戻してますね」という部分まで見て、支えてくれます。私はそういう情報を入れながら、相手ベンチを周辺視野で見るようになっていました。

試合は10月27日のドラフト会議で西武から1位指名を受けた十亀と、2位指名を受けたNTT東日本の小石博孝が先発として投げ合う形で始まりました。

十亀は2回に1点を失うと、3回にも一死一、二塁のピンチを招きました。

私は、ここで十亀に代え、片山をマウンドに送る決断をしました。

十亀にとっては、ドラフト1位で指名された自分が、ドラフト2位で指名された小石に投げ負けるわけにはいかないというプライドもあったと思います。

でも、そんな個人の都合は一切関係ありません。私には、これまで情に流された采配で何度も選手たちを裏切ってきた「前科」があります。情は命取りになる。情を捨て、勝負に徹しました。

この采配が的中します。片山が丁寧に低めに投げる投球でピンチを脱し、相手に傾いていた流れを引き戻してくれました。

打線は6回まで小石に完全に抑え込まれていましたが、7回裏に先頭の四番・松本が左中間スタンドへ同点ホームランを打ちました。

試合は1対1のまま、延長戦に突入しました。

7回途中から小石を救援した末永彰吾を打ちあぐねましたが、こちらも9回途中から3番手で登板した金が好投して、流れを相手に渡しませんでした。

そして、11回裏。先頭の石岡が三塁線を破る二塁打を打って出塁しました。

打席には、7回に同点弾を打った松本が入りました。2009年に都市対抗出場を逃した後、幕張グラウンドでの猛練習に耐えて成長し、この年から四番に定着した男です。左腕には、斎藤達則から託されたリストバンドをしてプレーしていました。バントで送る考えなど、まったくありませんでした。

松本がワンボールからの2球目を叩くと、打球は左中間のフェンスを直撃。二塁ランナーの石岡がボールが跳ね返ったのを見て、スタート。三塁を回り、一気にホームを駆け抜けました。サヨナラ勝ち！　その瞬間、選手たちは三塁側ベンチから飛び出し、抱き合っていました。

私は、選手たちに「早く並べ！」と言い、試合終了の挨拶の列に選手たちを促しました。

都市対抗での初優勝です。選手が喜ぶのもわかります。だけど、やっぱり相手がいる。勝者がいて、敗者がいる。相手をリスペクトする気持ちを忘れてはいけません。ホームベースを挟んで両チームの選手が整列。私は垣野監督と握手をして、試合終了の挨拶をしました。垣野監督は「おめでとう」と一言だけ言ってくださいました。

2011年には念願の都市対抗を制覇。決勝戦終了後に、ベスト4入りしたJR東日本東北の藤井省二監督（写真左）と握手を交わした

試合後、三塁側のベンチ前で、優勝インタビューを受けました。

「ありがとうございます。苦しかったです。長かったです」

監督として3度目の決勝戦で、恩師である垣野さんに勝って初優勝を果たした……。私は、こみ上げる涙をなんとかこらえました。

「全員の力を結集する。その一点にかけてきました。120点です。すごいです。都市対抗が開催されることに感謝して、精一杯のプレーをすることを心掛けてきました。本当に応援ありがとうございました。勝ちました！」

表彰式では、齋藤達則が松葉杖を突き、石谷潔に支えてもらいながら黒獅子旗（優勝旗）を受け取りました。また、松本が橋戸賞（優秀選手賞）、石岡が若獅子賞（新人賞）を受賞しました。


この時の優勝メンバーは私が監督に就任してから入社してきた選手が多かったのですが、採用に関しては私がまだ選手やマネジャーをしていた時代から球縁がある監督さんが何人もいらっしゃったことが大きかったと思います。

亜大の内田俊雄総監督（当時）には片山（JR西日本からの移籍）、生田勉監督には内野手の竹内和也。東洋大の高橋昭雄監督（当時）には投手の鈴木寛隆と外野手の都築司。横浜商大の佐々木正雄監督（当時）には外野手の松本。日大の鈴木博識監督（現・鹿島学園高校監督）にはピッチャーの十亀と内野手の縞田拓弥（元・オリックス）。立大の坂口雅久監督（当時）には内野手の鈴木雄太、国際武道大の岩井美樹監督には外野手の喜屋武秀人と川端崇義（元・オリックス）。法大の金光興二監督（現・副部長）には捕手の石川修平と外野手の佐藤弦輝。明大の川口啓太監督（当時）、善波達也監督（当時）には内野手の齋藤達則と山口。八戸大（現・八戸学院大）の藤木豊監督（現・東日本国際大監督）には投手の金卓史をＪＲ東日本に送り込んでいただきました。

この方々は私のこともＪＲ東日本のこともよく理解してくださっていたので、推薦していただけたら積極的に検討して採用していました。

私は学生時代に練習が休みの日に東都大学リーグの試合を見に行っていました。神宮球場のネット裏の最前列、ネクストバッターがすぐ近くに見える角の所から、いつも見ていました。当時の東都の選手のモノマネができるくらい、フォームやしぐさまで細かく観察していました。あの大学はこういう風にやっているな。この監督はこういうことを教えているな。そんなイメージが明確にあったことも、チーム編成に役立ちました。

都市対抗優勝から1週間ほど経ったある日、垣野さんから電話がありました。

「改めて、おめでとう。よかったな。オレ、負けた時は『堀井だから、まあいいか』と思ったんだけど、家に帰って女房と酒を飲んでたら、急に悔しくなってきたよ」。わざわざ電話をくださるなんて、垣野さんらしいなと思いました。

慶大の先輩である渡邉泰輔さんからは、お手紙をいただきました。渡邉さんは慶大時代に4年春（1964年）の立大2回戦でリーグ史上初の完全試合を達成し、卒業後は南海ホークスで活躍された方です。手紙には、決勝戦の十亀の投手交代について、「よく頑張った。監督と選手に本当の信頼関係がないとできないし、勝てない試合だ」と書いてありました。ああ、そういう風に見てくださったんだ。私は渡邉さんの言葉にとても勇気づけられました。

チームにも、うれしい手紙が届きました。

大槌高校ナインからでした。あの復興試合で一緒にベンチに入った選手たちが都市対抗の試合をテレビで見て、それぞれ書いてくれたのです。すべてに目を通して、私はふと気付きました。半分くらいの手紙に、同じ言葉が書かれていました。

「やはり、誰かのためにやる野球は強いですね」

誰かのために、野球をやる——。多分、選手があの日のふれあいの中で、大槌高校の選手たちに言ったんだろうなと思いました。4月に柏野球場に清野社長が来られて、「みんなに勇気を与えてくれ」と仰った。そうか、選手たちはみんな、その気持ちをちゃんと持って1年間野球をやっていたんだな。これこそ「ＪＲプライド」だ。うちの選手もたいしたもんだ……。私は胸が熱くなりました。

法大、住友金属などで監督を務められ、２００７年に野球殿堂入りした松永怜一さんからも丁寧な手紙を頂きました。

その手紙には「野球の神様がプレゼントしてくれた優勝なんじゃないか」と書かれていました。松永さんは、福岡県立八幡高校時代に主将として１９５０年春のセンバツに出場され、準々決勝で私の母校の韮高に逆転サヨナラ負けを喫しました。その試合後に整列した時、韮高の選手と健闘を讃える握手を交わしました。これが甲子園で初めての相手選手との握手だったと伝えられています。

そんな松永さんからの言葉に、誰かのために野球をやる姿を、野球の神様が見ていてくださったんだなと思いました。

野球の難しさと奥深さ

２０１２年は、前年のドラフトで十亀のほか縞田、川端もプロへ進んだため、戦力としてはマイナスからのスタートでした。

7月の東京ドームに場所を戻して開催される都市対抗には、前年度優勝チームとして推薦出場することが決まっていました。

この年に日大から入社してきた吉田一将（2021年までオリックス）が、十亀の抜けた穴を埋める存在に成長しました。

吉田は十亀と正反対というか、元々コントロールは安定していましたが、球質に課題がありました。145キロくらいのボールがいったかと思えば、次のボールが130キロ台だったりする。身長が191センチあって腕も長いのですが、その腕がうまくたためないことが原因でした。現役を引退してコーチになっていた山本浩司が付きっ切りでフォームを修正。加えて、安田コーチが投球術をたたき込みました。半年の時間があったことが幸いして、なんとか都市対抗に間に合いました。

都市対抗では先発の吉田と救援の片山を軸にした継投で、2年連続で決勝に進出しました。決勝のJX-ENEOS戦。3対1とリードして、5回まで終えました。

この時、私の頭の中に「連覇」の2文字がチラつきました。

6回表の攻撃。無死一塁で打席に入った「五番・指名打者」の遠藤一樹に対して、私は送りバントのサインを出しました。

ところが、遠藤はバントの気配すら見せませんでした。サインを見落としたのです。私はベンチから思わず「お前、何やってるんだ！」と怒鳴って、遠藤を委縮させてしまいました。その結果、三振してしまいました。

私は、オープン戦ならともかく、公式戦ではミスに対する反省は試合が終わってからすればいいと考えています。普段であれば、送りバントに気がついていないということは、ここは打たせたほうがいいのかもしれないなと考えるか、タイムをかけて遠藤を呼び、「送りバントだぞ。頼むな」と確認するか……。いずれにしても、この時は普段はしない振る舞いをしてしまいました。連覇を目の前に、どこかに傲慢さがあったのだと思います。

その悪い流れは、6回裏の守備にもつながります。

先発の吉田が二死から連打を許し、一、二塁としました。打席に左打者の宮澤健太郎を迎えたところで、私はすかさず左腕の片山をマウンドに送りました。ところが、宮澤の三塁ゴロを三塁手の竹内がトンネル。二塁走者が還って、1点差に迫られてしまいました。

ここでも私の傲慢さが出てしまいました。こんなピンチくらい乗り越えろと、タイムをかけて間を置くことをしなかったのです。どこかに無理に平静を装う自分がいたのかもしれません。

すると、次打者の山岡剛に左翼席へ逆転3ランを打たれてしまいました。

試合は3対6で敗れ、連覇を逃しました。

5回が終わった時に「連覇」を意識したところから、私の傲慢さが6回の表と裏に2度も続いて出た。それで野球の神様が愛想を尽かして、見放したのです。もちろん、これは結果論です。6回の表に遠藤に普段通りに接していても、6回の裏にタイムかけていても、逆転されていたかもしれません。

ただ、やはり私としては、何か普段と違う振る舞いをしたことが試合の流れを変えたと考えざるを得ません。普段どおりにできなかった。まさにそれこそが連覇のプレッシャーだったのかもしれません。

雪辱を誓って

この後、JX-ENEOSには何度も苦渋を味わうことになります。

同じ2012年の日本選手権では再び決勝で対戦して、1対5で敗れました。準決勝まで3試合連続逆転勝ちと粘り強く戦って勝ち上がりましたが、決勝では吉田が6回に2本のホームランを打たれ、戸田亮（元・オリックス）の好リリーフにもかかわらず、力尽きました。

2013年も都市対抗の決勝で戦い、1対3で敗れました。都市対抗の決勝戦が2年連続で同一カードになったのは、大会史上初めてのことでした。

準決勝までの4試合でわずか1失点と、スキのない試合運びで決勝に進出しました。

決勝では先発した吉田が初回に三者三振を奪うなど完璧な立ち上がりを見せました。

ところが、2回に一死二塁から宮澤の打球が吉田の右ヒジを直撃しました。吉田は降板。急遽マウンドに上がった片山が粘り強く投げてくれて、0対2で迎えた7回には松本がソロホームランを打って1点を返し、さらに二死満塁としましたが、あと一本が出ませんでした。

都市対抗と日本選手権を合わせ、まさか3大会連続で決勝で同じチームに敗れて優勝を逃すとは……。

2012年の都市対抗では勝てるチャンスはあった中で、私の傲慢さが原因で自分たちから崩れて負けました。しかし、2013年の都市対抗は吉田のアクシデントもあったとはいえ、完全な力負けでした。

野球の上手さ、試合運び、勝利への執念。大学の後輩である大久保秀昭が作り上げたJX-ENEOSの戦いぶりは、見事でした。連覇するべくしてしたチームだったと思います。

この決勝戦を評して、毎日新聞の記者の冨重圭以子さんが「強さの追求、あと一歩及ばず」という記事を書いてくださいました。負けた試合でしたが、「堀井監督は、投手も打撃も守備もどこを取ってもスキのないチームを作り上げた」と書かれた記事は、私の励みになりました。

2014年の都市対抗でもJX-ENEOSに準々決勝で3対4で敗れました。

2回に東條航の3ランでリードしましたが、相手の救援陣から追加点が奪えず。3対1で迎えた7回に先発の飯田哲矢（元・広島）、救援の東條大樹（現・ロッテ）がつかまって、逆転されてしまいました。

この試合も、力でひっくり返されました。我々のチーム力も高かったし、できることを精一杯やっていましたが、相手のほうがさらに上でした。JX-ENEOSの充実ぶりに、うちが追い付いていなかったと思います。

3年連続して都市対抗でJX-ENEOSにに敗れた後、私は選手たちに言いました。

「この先100年負け続けるわけではないから、安心しろ。どこかで必ずその雪辱を果たす。それが来年だったら、ベストだな」

物事を自分中心に考えると、3年連続して同じチームに敗れたショックはたしかに大きい。でも、JR東日本の監督に就任した時の挨拶で言ったように、チームは過去から現在、現在から未来へと連続している。その歴史の中の一時代に自分がいる。そう考えれば気持ちも切り替わり、いろんな知恵や対処法も出てくる。そんな思いからの言葉でした。

私たちは「JRプライド」を持って、怯むことなく前進を続けました。

2015年以降も毎年、都市対抗には出場しました。関谷亮太（元・ロッテ）、東條を擁した2015年と、田嶋大樹（現・オリックス）、進藤拓也（元・横浜DeNA）、板東湧梧（現・ソフトバンク）を擁した2016年は初戦敗退でしたが、2017年はベスト8、2018年はベスト4まで進出しています。

2017年は、上咽頭がんの治療をしながら指揮を執りました。

1月に喉から出血しました。痰に血が混ざっていたのです。そこから病院でいろいろな検査を何度も受けて、3月下旬になってようやく「上咽頭がんで、ステージ1に近いステージ2」とわかりました。抗がん剤治療を受けることになったので、すぐに小石智之野球部長に報告すると「治療を優先させてくれ」と言っていただきました。2007年に不整脈になって入院した時から生きることについて強く感じるようになっていたので、チームには申し訳ないのですが、私としてもそのつもりでした。ただ、3度の抗がん剤治療が、いずれも野球部のスケジュールの合間を縫うようなタイミングでした。

最初の入院は4月下旬。4月15日から開催されたJABA岡山大会の終了後でした。

その後のオープン戦は何試合か指揮を執れませんでしたが、都市対抗予選の直前のオープン戦には復帰しました。それから都市対抗予選へ向けた調整期間にあたる1週間で、2度目の抗がん剤治療をしました。

5月23日に退院し、その日に大田スタジアムで開催された都市対抗東京二次予選の初戦・明治安田生命戦には、入院先の東大病院から直行しました。

抗がん剤治療は本当にしんどかったです。私の右腕だった松浦健介マネジャーが車で迎えに来てくれて、車の中でやっとの思いでユニフォームに着替え、フラフラしながら大田スタジアムに入りました。

この試合に7対4で勝つと、その後も抗がん剤の副作用に苦しみながら指揮を執りました。準決勝でセガサミーに5対1で勝ちましたが、続く第1代表決定戦でNTT東日本に2対6で敗戦。第2代表決定戦では東京ガスに1対6で敗戦。第3代表決定戦でなんとかセガサミーに11対1(7回コールド)で勝って8年連続20回目の都市対抗切符を手にすると、私はその後のことはすべて澤コーチに任せて即入院しました。

この間の野球日誌には、「治療が苦しいとかつらいとか、ぜいたく言うな! 生きるための治療なんだから、苦しくて当たり前 選手の頑張りに応える采配を!」と書いています。

都市対抗本大会直前のオープン戦から復帰して、7月の本大会に突入しました。

この年は入社3年目でエースになっていた田嶋大樹(現・オリックス)が中心のチーム作りをしていました。

田嶋は1回戦では伏木海陸運送を1安打完封（3対0で勝利）。2回戦では三菱重工名古屋を4安打完封（3対0で勝利）。準々決勝の東芝には延長12回の末に4対5で敗れましたが、田嶋は9回途中まで3失点と好投しました。

もちろんコーチにも選手にも迷惑をかけたのですが、田嶋中心のチーム作りだったことも幸いして、なんとか都市対抗ベスト8進出を果たしました。

翌2018年の都市対抗でベスト4になった時、2017年の7月から野球部長に就任された高岡崇さんが私に「いやあ、ホントに堀井監督にお任せしてよかったと思いました」と仰いました。その口ぶりから、おそらく2017年に私が上咽頭がんになったことで、「これから先も堀井に監督をやらせるのか」という議論があったんだろうなと察しました。

2018年のチームは、投手は板東、太田龍（現・巨人）、西田光汰、打者は丸子達也、佐藤拓也、渡辺和哉が軸でした。都市対抗でのベスト4進出は、東京二次予選の第4代表決定戦でようやく9年連続の出場権を掴んだところからの逆襲でした。

二次予選準決勝で鷺宮製作所に4対5で敗れ、敗者復活2回戦でセガサミーに2対3で敗れ、第4代表決定トーナメントに回ることになりました。

5月24日の1回戦で日本ウェルネススポーツ大学東京に17対0（7回コールド）で勝ってか

ら、5月31日の第4代表決定戦の明治安田生命との試合まで、1週間の時間がありました。

決戦に向けて、私は野球日誌にこう書いています。

「第4代表決定戦　このドラマはどのような結末を迎えるのだろうか？　その舞台に向けて、やるだけの事はやろう　筋書きのないドラマ作りのために！　勝つためのストーリーはできている」

長くて、本当につらい1週間でした。次に負けたら、都市対抗出場を逃す。そのプレッシャーを感じながら、練習しなければなりませんでした。その間に、鷺宮製作所戦、セガサミー戦の敗因を徹底的に分析しました。そのうえで、1週間で改善できる部分を改善しました。

セガサミー戦では終盤の失点で敗れていたため、7、8、9回を守り切るイメージをともなった実戦練習をしました。

また、ピッチャーゴロでダブルプレーが取れなかったり、打球の判断が甘い走塁があったりしたので、そこを改善するための練習をしました。自チームの選手だけだと甘えも出るため、懇意にしていた神奈川大の岸川雄二監督にお願いして、4名のピッチャーに練習相手を務めてもらいました。負けた原因を改善すればチーム力は上がって、今度は勝てる確率が高くなる。そういう単純なことでしたが、やってみると選手に自信がつきました。

自信を持って臨んだ明治安田生命戦。試合前に「勝つだけ。勝つぞ！」と選手たちを送り出しました。

長谷川拓真のホームランなどで2点をリードして迎えた9回に二死満塁のピンチを招きましたが、7回から大澤信明を救援した太田が最後は空振り三振で切り抜け、2対0で勝ちました。終盤を守り切ることができた！　私はコーチの銚子と握手を交わしました。私も銚子も、涙をこらえることができませんでした。

1週間程度の練習で急にうまくなることはありませんが、選手の気持ちは一晩で変わる。たった1日で、チームが一つになることもある。要は練習で選手の気持ちやチームの一体感をどう変えていくかなんだ。そんなことを選手たちが実証してくれました。

この2018年だけではなく、都市対抗予選の厳しさは何度も味わいました。

2013年は第3代表決定戦で鷺宮製作所と対戦。4回に西野真弘（現・オリックス）のヒットが絡んで1点を先制しました。

9回に一死一塁から片山が左中間へ長打を打たれましたが、レフトの都築、ショートの田中広輔（現・広島）、キャッチャーの石川へと中継。本塁はクロスプレーのタイミングでしたが、一塁走者が三塁を回ったところで三塁コーチャーとぶつかって転倒してタッチアウト。そこでピッチャーを吉田にスイッチして最後の打者をライトフライに打ち取り、1点を守り切って代表権を勝ち取りました。

この試合後、田中が「監督、もう二度とこんな思いはしたくないので、プロへ行きます」と言いました。彼はその言葉通り、2013年のドラフトで広島から3位指名を受け、プロ入りしました。

2014年から臨時コーチに就任した高木由一さん（元・大洋）は、同年の第2代表決定戦でセガサミーに延長13回の末、2対0で勝って代表権を得ると、コーチの片岡に「オマエら、こんなに苦しい試合を毎年戦っていたのか。たまらんな、こりゃあ」と言ったそうです。

セガサミーの監督をしていた佐々木誠（現・鹿児島城西高校監督）は、西武ライオンズの選手時代に何度も日本シリーズを経験していますが、彼は私に「都市対抗のプレッシャーって、日本シリーズの比じゃないんです」と言ったことがありました。

プロの修羅場をくぐってきた高木さんや佐々木監督がそう言うほど、都市対抗の予選でのしかかる重圧は、凄まじい。その分、いざ出場権を得れば、本大会では優勝旗である黒獅子旗を目指して、力一杯プレーできます。

こうした厳しい戦いの中でチームの勝利を追求するのと同時に、JR東日本からは毎年プロへ選手を送り出しました。私は、プロへ行けるような能力のある選手をスカウトしていたわけではなく、「JR東日本で野球がしたい」と思ってくれる選手を採用していました。

今は選手間でいろいろな情報が飛び交います。「JR東日本は練習がキツいぞ」「あそこは休みが少ないぞ」と言われていたと思います。「それでもJR東日本で」と言ってくれる選手に来てほしいと考えていました。

入社してきた選手には、社会人で野球をやる意義について説きました。

高校や大学から社会人になると、野球そのものは同じでも、立場と責任がまったく変わります。授業料を払って野球をやる立場から、給料をいただいて野球をやる立場になるわけです。JR東日本の野球部で給料をもらってプレーすることには、どういう責任が生じるのか。会社は何のために野球部を持っているのか。我々は、従業員の士気や一体感を高めること、社業や地域社会に貢献する人材を育成することなどを目指さなければなりません。私は慶大卒業後、選手、マネジャー、コーチ、監督として企業スポーツに携わってきました。しかも三菱自動車川崎から三菱自動車岡崎、そしてJR東日本とチームや会社を移りました。そうした経験から、企業スポーツの意義について話しました。

JR東日本は、いろいろな意味で環境に恵まれています。だからこそ、余計に強く説きました。プライドを持って社会人野球をする上で、選手自身が選択肢の一つとしてプロへ行きたいと考えているなら、全力でそれを後押ししました。

選手がプロへ進むと、チームの戦力はダウンします。でも、私は選手との縁でチーム作りをすればいいと考えていました。会社側には「プロへ行くのは選手のキャリアアップです」と言っていて、会社もそれを了解して応援してくれていましたので、何の問題もありませんでした。

社会人からプロへ行きたい選手は、別の言い方をすれば高校、大学からはプロへ行けなかった選手とも言えます。彼らがドラフトで指名されるには、「社会人の2年間（高卒の場合は3年間）で、それなりに成長した」というレベルでは足りません。「一皮も二皮も剥けた」と言えるほど、成長しなければなりません。

そのために外部からの臨時コーチとして、水谷さんや飯田さんをはじめ、安田さん、高木さん、銚子といったプロでコーチなどを務めた経験のある方を積極的に招きました。

社会人で野球を続けている時点で、その選手は既に野球エリートです。高校、大学までに積み上げてきた技術にこだわりやプライドを持っていて当然だと思います。

彼らの中には、コーチに技術を指導されたり、フォームを修正されたりするのを嫌がる選手もいます。しかし、彼らはその自分の技術にこだわってきたからこそ、現時点ではプロへ行けていないという面があります。

このまま自分の殻に閉じこもり続けて、その先に「プロ」はあるのか？　技術を指導されることへの拒否反応を乗り越え、自分自身を変えなければ、プロの世界にはたどり着けないのではないか？　そこで、私は選手に「今のままで、プロへ行けるのか？」と問いました。そう問われると彼らは自分を見つめ直し、殻を破っていきました。

2017年のドラフトでオリックスから1位指名を受けた田嶋は、センバツで4強入りした佐野日大高校時代からプロ注目のピッチャーでした。高校3年の夏に左わき腹を痛めるなどケガが多かったため、3年後のプロ入りを目指して2015年に入社してきました。

全身のバネを利用して思い切り腕を振っていましたが、テークバックで肩やヒジに負担がかかるフォームでした。

2015年の1月にチームに合流。2月28日には、神奈川県横須賀市の横浜DeNAベイスターズ練習場で実施した横浜DeNA二軍とのオープン戦でデビューを果たしました。8回からの2イニングだけでしたが、このピッチングは圧巻でした。二軍とはいえプロの打者が誰もバットに当てることができず、三者三振！ 試合後に相手ベンチにいた小杉陽太に聞いたのですが、最初のバッターがベンチに帰ってきた時、「これ、やばいぞ」と言っていたそうです。9回には2安打を打たれましたが、無失点で切り抜けました。2回で5三振。プロ顔負けの投球でした。

ところが、6月の都市対抗東京二次予選の第2代表決定戦の明治安田生命戦で先発して、初回に5失点してしまいました。

7月の都市対抗本大会が終了後、水谷さんの指導でテークバックの修正に着手しました。故障を防ぐためには、今、テークバックを変えないといけない。変えるのは勇気が必要だけど、変えないと田嶋の将来にとってよくない。そう判断しました。

田嶋は最初は嫌がっていましたが、ヒジへの負担を考えたこと、明治安田生命戦で打ち込まれたことで「今のままではダメだ」と自分を見つめ直して、修正に踏み切りました。そこからテークバックがコンパクトになり、故障とは無縁になって、2年目からはエースとしてチームの勝利に貢献してくれました。3年目の2017年の都市対抗での活躍は前述したとおりです。

「プロに行きたい」という気持ちは、選手が個の能力を高めるための強烈なモチベーションになります。

その好例が、入社5年目（2011年）のドラフトでオリックスから8位指名を受けた川端です。川端は入社1年目の2007年から外野のレギュラーになりました。アマチュアレベルでは非常に頼もしい選手で、順調なら2年目でドラフトにかかるかもしれないと思っていましたが、プロからはなかなか評価してもらえませんでした。

2年目のドラフトでも、3年目のドラフトでも指名されませんでした。それでも川端のプロを目指す気持ちは萎えることがなかった。向上心を持って、毎日毎日、必死に練習していました。練習量に関しては、ヤクルトへ入団した中尾と双璧でした。あきらめずにコツコツやったことで成長して、プロのスカウトに評価されました。

第9章　エンジョイベースボール道

母校・慶大への帰還

伊藤将司（現・阪神）、山田龍聖（2022年から巨人）が入社した2019年の都市対抗では、3回戦でNTT西日本に3対6で敗れました。

それから2週間ほど経った、8月上旬のある日。三田倶楽部の会長で、JR西日本野球部総監督の後藤寿彦さんから電話がありました。

「堀井君、明日会ってくれないか？　詳しいことは明日話すけど、実は慶應の監督の件なんだ」

母校から監督就任の話。それはもちろん光栄なことだけど、JR東日本にも恩があるし……。

その夜、私は一晩考えました。ふと、2006年5月に亡くなったJABA会長の山本さんの言葉が頭に浮かびました。

「いずれ、堀井を慶大の監督にする」

山本さんから直接言われたわけではありません。慶大の6学年上の先輩で、三田倶楽部の理事をされていた福田修也さんが山本さんから聞き、私に「山本さんの遺言を預かっている」と、伝えてくださった言葉です。

福田さんから聞いた時は、山本さんがそんな風に考えていてくださったのかと思っただけでした。ＪＲ東日本へ導いてくださった山本さんの言葉が時を経て実現するのかもしれないと思うと、また球縁を強く感じました。

長倉春生さんが、私が三菱自動車岡崎の監督だった頃に「堀井君は将来、慶應の監督になるぞ」と言ったことも思い出しました。

野球界で次に働く場所を与えてもらえるというのは、本当に有難い。ＪＲ東日本に来た時と同じ、これも野球界への恩返しだ。会社から許されるなら、ぜひ引き受けたい。筋を通すには、どうしたらいいんだろう。考えた末に、翌日、東京都内のホテルのレストランで後藤さんとお会いして、こう言いました。

「後藤さん。大変光栄です。ありがとうございます。私としては、お引き受けしたいと考えています。ただ、私はＪＲ東日本の現職の監督です。自分だけで判断できることではありません。自分の口から会社に『慶應の監督の話がある』ということは、迷っている、あるいは行きたいってことですから、立場上、私から会社には言えないです」

「それは、三田倶楽部からＪＲ東日本の野球部長のほうに話を通すよ」

「野球部長の判断で私に話が下りてくるのであれば、私の考えをお伝えします」

会社の判断が「ＮＯ」だったら、それに従うつもりでした。その時点で、私はＪＲ東日本に残った場合と、慶大の監督になった場合の2通りの未来図を描いていました。

後藤さんにお会いした日の夜には、2002年から2005年までに慶大の監督を務められた鬼島一司さんからお電話をいただき、「堀井、頼むな」と言われました。

9月になり、私は高岡崇野球部長から、東京都北区田端にあるJR東日本東京支社に呼ばれました。6階の総務部のフロアにある部長室で、高岡部長にお会いしました。

「JR西日本の後藤さんから、堀井監督を慶應の監督に迎えたいという話がありますけど、どう思いますか?」

「私はJRに籍を置いてますから、私の口からはこうしたいってことは言えません」

「そうは言っても、監督の気持ちが大事だから」

「いえ、これは私の気持ちというよりも、会社がどう判断するかという話だと思いますので」

「いやいや。そうは言っても監督の気持ちなんですよ」

「高岡部長はどう考えておられるんですか? 部長の個人的な意見を聞かせてください」

「そうですね。うちの会社で15年間、監督をやられて、やり尽くしたということであれば、次の道を探るっていうのもいいお考えなんじゃないでしょうか?」

そう聞いて、高岡部長は冨田哲郎会長や深澤祐二社長と話したうえで、「一区切りつけろ」と仰っているんだなとピンと来ました。私はすぐに答えました。

「わかりました。15年間、お世話になりました。新天地でまた頑張ります」

こうして2019年11月5日に、JR東日本から私が退任して12月1日付で慶應義塾体育会野球部監督に就任することと、退任に伴って新たに2011年の都市対抗優勝時のヘッドコーチだった濵岡が同日付けでJR東日本の監督に就任することが発表されました。

また、慶大からも私の監督就任と、大久保秀昭監督が退任して、古巣のJX‐ENEOSの監督に復帰することが発表されました。

選手を見ること、聴くこと

慶大の監督に就任するにあたり、一つ心残りがありました。

2019年は都市対抗予選を突破した後、本大会で敗退するまでの約2カ月間、落合博満さん(元・中日監督)が臨時コーチとしてJR東日本を指導してくださいました。かねてからの念願が叶った指導は3回にわたり、合計で約10日間でした。

グラウンドでの指導はもちろん、東京都内の落合さんのご自宅から柏野球場までの車中や食事をご一緒する際にもいろいろなお話をお聞きすることができました。

私は一言も聞き漏らすまいと、必死でした。落合さんは私には「野球の勉強をしなさい」「選手は指導者を見てるよ。スキを作ったら言うことを聞かない」と常に諭してくださいました。指導者として肝に銘じておかなければならない事ばかりでした。

2020年以降も指導してくださるご意向も伺えたのですが、私が慶大の監督に就任する話が進み、実現できなかったのです。

正式に就任する12月1日までの約1カ月の間にも、私は学生たちのことを少しでも知っておきたいと考え、動きました。

学生はこれまでの経験、野球に対する考え方、将来の目標などが一人ひとり異なります。私がそれを把握して、お互いに理解し合って初めて、いいチームができます。

まず私がしたのは、見ることと聴くことでした。

11月5日からは東京六大学リーグの秋季フレッシュトーナメントを視察しました。大久保と連絡を取り合って、神宮球場のネット裏で一緒に試合を見ました。試合に出ている1、2年生の各選手について大久保が伝えたいことを聞き、私も訊きたいことを訊きながら、選手の確認と引き継ぎができました。

11月20日には明治神宮大会の決勝を視察しました。慶大は早瀬万豊監督率いる関西大を8対0で破り、19年ぶり4回目の優勝を果たしました。慶大はリーグ戦で9連勝して優勝していましたし、この試合でも関大の好投手・森翔平（三菱重工WESTを経て2022年から広島）を攻略して完勝。その強さを目の当たりにしました。

大久保から日本一のチームを引き継ぐことになりましたが、やりにくさは感じませんでした。私が三菱自動車岡崎でコーチになった時は、ゼロからのスタート。JR東日本に来た時は、中野監督から引き継いだ上昇気流に乗る形でした。状況は違っても、どのチームでも勝つことが目標であり、それに対するプレッシャーは同じです。

11月末には、慶大の合宿所へ行き、新主将の瀬戸西純（現・ENEOS）をはじめ選手、学生スタッフたちと面談しました。12月末までに3年生以下の全部員116名と面談するつもりでしたので、11月末から始めました。

これまでどこでどんな野球をしてきたか、今の課題は何か、3年生については卒業後の進路をどう考えているのかといったことについて話してもらい、私はノートにメモを取りながら聞き役に徹しました。

12月1日。慶大での初指導の日は、朝8時から練習で、午後からは武蔵大とオープン戦を組んでいました。

その翌週にも桐蔭横浜大とのオープン戦を予定していました。この時期にオープン戦を組んだのは、それまでにまだプレーを見たことがない選手が約40人いたから。走っているところでも、投げているところでも、とにかく少しでも見ておきたかったのです。

その日は東京都内の自宅から車ではなく、電車でグラウンドの最寄り駅である東急東横線の日吉駅まで来ました。改札を出ると、右側（西口）に慶大の日吉キャンパスがあり、左側（東口）には商店街があります。慶大のグラウンドは東口を出て、歩いて15分ほどの場所にあります。ところが、この日は間違って、横浜市営地下鉄と接続する出口から出てしまいました。私が学生の時にはなかった出口です。卒業してから何度も日吉駅には来ていて、駅が新しくなっているのは知っていましたが、この出口から出てしまったのは初めてでした。あれ？　ここはどこだ？まるで見覚えのない街に来たような、時代の移り変わりを感じました。日吉駅からグラウンドまで歩きましたが、久しぶりに歩くと、学生時代よりも遠く感じました。ああ、オレも年を取ったってことだな……。

こうして監督就任初日は、周りの変化と自分の変化の両方を思い知らされるところからスタートしました。

練習が始まる前。まだユニフォームが間に合っていなかったため、ウインドブレーカーに着替えてグラウンドへ出ました。センターの後方からグラウンドに入って一塁側のベンチまで歩きながら、この部員たちを預かる責任の重さを改めて感じていました。

その後、簡単に自己紹介をして、練習が始まりました。部員たちへの就任の挨拶は、その日のオープン戦が終わった後に改めてしました。

冬の夕日が沈みかけたグラウンド。センターからライト付近の人工芝の上に、選手たちが座っていました。その日に愛媛県松山市で侍ジャパン大学代表候補の強化合宿に参加していた木澤尚文（現・ヤクルト）、森田晃介（２０２２年からＪＦＥ東日本）、正木智也（２０２２年からソフトバンク）、増居翔太、下山悠介は不在でしたが、その他の全部員が集まっていました。

私は彼らの前に立ち、話しました。

「私の取り組みとして、三つのことをします。一つはハードとソフトの両面での環境整備。もう一つは、コミュニケーションを大事にしたい。すでに20名ほどとは先行して面談しているけど、まずは君たちが何を考えているかを知りたい。三つ目は、個人の目標を明確にしてほしい。チームの目標は普遍で、リーグ優勝、日本一だ。

みんなには三つのことを期待したい。一つは、大学4年間での人格形成。二つ目に塾生として、ノブレス・オブリージュ（noblesse oblige）を忘れないように。三つ目はスポーツマンシップ。詳しいことは、年明けの1月15日のミーティングで改めて話します」

コミュニケーションの手段として、学生たちには野球ノートを提出してもらうようにしました。ノートには日々の練習内容や考えたことなどが書かれています。練習のウォーミングアップ中にそれを私が読み、気になったところに赤ペンでラインを引いたり、コメントを書いたりして返しました。この野球ノートの提出は、任意です。ノートを出す、出さないも含めて、自身の管理になります。

この緩やかな管理の原点は、三菱自動車岡崎の監督時代にあります。私を三菱自動車川崎に採用して、三菱自動車岡崎では野球部長として私に「監督になれ」と言った足達さんが教えてくれました。

「堀井君ね、労務管理の基本は、管理しているようで、していない。してないようで、している。これや」

それ以来、この人事のスペシャリストの金言が私の指導の理想になっています。私は「管理野球」とか「放任野球」というくくりが嫌いです。全体練習の中に個人の課題をより追求し、個人練習の中にチーム全体の方針を意識していくことを求めています。

その練習一つひとつをとっても、指導者が指示するのではなく、選手たちが自らやる土壌を作らないといけないと考えています。

12月7日には、慶大OBの野球指導者が集まる勉強会「慶球会」が横浜市内のホテルで開催されました。

その懇親会の席上で、私の先輩で、慶應義塾高校の野球部監督を経て現在は慶大でコーチを務めている上田誠さんが、「大久保から堀井に監督が変わったけど、二人の方法論はまったく異なる。大久保はプロデューサーで、堀井はエンジニアだ」と言ってくれました。約30人の参加者たちは、「日本一になった大久保監督からチームを引き継いで、堀井はこれからどんなチームを作るんだろう」「やりにくいだろう」と感じていたと思います。そこで上田さんがそういう風に評していただいたことで、勇気づけられました。

「目的」と「目標」のダブルゴール

年が明け、2020年の1月15日には日吉キャンパスの大教室で、チーム全員でミーティングを開きました。

今までのやり方があるだろうから1年目は様子を見よう……といった考えはありませんでした。監督が私に変わったからではなく、今年のチームには今年のチームなりのやり方、アプローチの仕方があるはずです。そこに対して、一方的に自分の考えを押し付けるのではなく、まず自分の考えを伝えたい。たとえ意見がぶつかっても、学生からの意見も聞きたい。そう考えていました。

社会人野球では野球が仕事なので、監督の言葉は極端に言えば業務指示になります。でも、学生野球はそうではありません。やるかやらないか、どこまでやるかなどの選択肢は学生にあります。私の考えを完全に理解して、納得してもらうために、「こうしよう」という投げかけをすることになります。

学生には多様性があって、考え方にも幅があります。こういう言い方では一部にしか伝わらないかもしれないな、こういう言い方だとわかりにくいかもしれないなと、伝え方も練りに練りました。

私は、ホワイトボードに板書しながら、監督としての考えを伝えました。まずは「目的」と「目標」のダブルゴールを明確にしました。

「我々の目的は、大学の4年間を充実したものにすること。つまり人格形成にある。目標はリーグ優勝と日本一。この2つは、私の中で揺るがない。多分、慶應の歴代の監督はそういう考えでやっていたと思う。リーグ優勝と日本一という目標の先に、人格形成という目的がある。目標へ向かっていく道は何通りもある。そこで目的から外れてはいけない。だから、勝利至上主義になってはいけない。あくまでも人格形成という目的に向かっていくなかで、目標を目指すのだということを忘れないでほしい」

もう一つは、野球とはどういうスポーツか、ということでした。私自身の経験から、考えを伝えました。

野球について、大学の4年間で深めていってほしい。

まずは、野球術。これは野球の技術や戦術だ。野球とは、どうすれば勝つスポーツかを徹底的に考えてほしい。

攻守交代がある。9回までに相手よりも得点が1点でも多ければ勝つ。相手よりも失点が1点でも少なければ勝つ。時間では進まない。チームスポーツである。メンタルの要素が大きい。だから、技術力に左右される。つまり、基礎が大事。一方で、いろいろな要素があるから、これだけやれば勝てるということはない。日々の練習の一つひとつをひも解いて、今、なぜこの練習をするのかを考えよう。

その次に、野球学だ。これは野球の歴史をはじめ、心理学、栄養学、運動生理学、組織論など、幅広い知識を身に付けて野球を捉えるということだ。

野球術から野球学の世界に入っていって、さらに先に行くとしたら、野球道だ。大学の4年間で野球を終わっても、野球で培ったマインド、経験、人間関係はその後の人生でずっと繋がっていく。社会に出てからも野球道は続く。野球道を探求していってほしい。

答えは、すぐには出ない。5年後、10年後に『あの4年間で、こういうことを学んだんだな』という学生生活にしてほしい。それが私の一番の願いです。試合に出るとか出ないとか、卒業後に野球を続けるとか続けないとか、4年間うまくいくとかいかないとか、いろいろあると思う。でも、とにかく1人残らず、全員が有意義な学生生活を送ってほしい」

ちょうどこの前日の1月14日には、2016年1月に亡くなられた前田祐吉監督が特別表彰で野球殿堂入りしたことが発表されました。慶大野球部にとって栄誉であり大きな喜びです。私は前田監督の話もしました。

「前田監督は2期目の監督に就任された年の1月に、いきなりレギュラーを発表された。そこでレギュラーではない現実を突きつけられた選手もいた。それが意味するのは、勝利への執念だ。前田監督にはそういう厳しさがあった。前田監督が提唱された『エンジョイベースボール』を、楽しくやるという意味で捉えるのは誤解につながる。心の強さ、精神面の充実が求められたし、スポーツマンシップやマナーにも厳しかった。私は自分なりに考えて、『エンジョイベースボールはまさに野球道じゃないか』という答えを見つけたんだ」

学生の4年間を充実させるための環境を整える一環として、私は「医療」「食事栄養」「コンディショニング」「ストレングス」「メンタル」の5つを改革しました。

外部からストレングスコーチとして田内敏男さんと、補佐の鬼頭祐介さんを招きました。お二人は田内さんが師匠で、鬼頭さんが弟子という関係です。

田内さんは1994年に大相撲の武蔵川部屋を担当して当時大関だった武蔵丸を初優勝に導いたのを皮切りに、その後はバスケットボールやラグビーなどの社会人・大学のトップチームを多数指導された実績のある方です。

田内さんとは、私が三菱自動車岡崎のコーチ時代にシャンソン化粧品の練習を見学させてもらった際に初めてお会いしました。その時にはご挨拶しただけでした。

私が三菱自動車岡崎の監督になった後、2002年にトレーニングコーチを探すことになったのですが、その時に頭に浮かんだのが田内さんでした。

ホームページを頼りに田内さんの連絡先を探し、飛び込みでお願いに行き、無理を言って引き受けてもらいました。それからは私がJR東日本に移ってからもずっとトレーニングを指導してもらっていました。

田内さんのトレーニングは「攻め」と「守り」のバランスが取れています。「攻め」ではただ体を鍛えるのではなく、アスリートがパフォーマンスを向上させるための身体を作ります。同時に「守り」として、ケガをしないための身体を作ります。

パフォーマンス向上といっても、ピッチングやバッティングの技術には一切介入せず「トレーニングをやっても野球はうまくならない。技術はグラウンドで覚えろ」と仰います。それだけ技術に生かせる身体を作っているという自負があるのだと思います。

田内さんはそうした日々のトレーニングを通して、人作り、組織作りをしてくれています。

また、トレーナーとして元西武トレーニングコーチの中野達也さんを招きました。私がコーチ時代から勉強会で親交のあったトレーナーの能勢泰史さんから中野さんを紹介され、お願いしました。

練習前に全員で氣功

2020年1月18日から、毎日練習を始める前に、グラウンドで全員が円になって氣功をするようにしました。

体の軸を通して丹田にエネルギーを集める動作、氣を溜める動作、静養する動作の4種類を行う間は、近くの道路を車が通る音やグラウンドの隣にある幼稚園の子どもたちの声は聞こえますが、グラウンドは神聖な静寂に包まれます。

氣功の導入を勧めてくれたのは、関大の早瀬監督です。私がJR東日本の監督だった2011年1月のこと。静岡県熱海市で開かれた監督指導者講習会に参加した時、全日本野球協会の強化委員だった早瀬さんと懇親会の場でお話しする機会がありました。

「堀井もそろそろ勝負の年やな」

「はい、そうです。優勝したいです」

「それなら、氣功をやってみたらどうや?」

すぐに日本生命とのオープン戦を思い出しました。グラウンドの一塁側ブルペンあたりで、試合前に選手が集まって10分ぐらい何かやっていたのを覚えていました。

「早瀬さん、日生もやってましたよね? ぜひ紹介してください」

早瀬さんはその場で紙に二人の人の名前を書いて渡してくれました。早瀬さんの関大の1学年先輩で、上海中医薬大学附属日本校の理事長の大城日出男さんと、そこで教えておられる孫樹健さんのお名前でした。

「大城さんには電話をしておくから、孫さんに会って氣功を教わるといいよ」

その年の4月に東日本大震災支援チャリティー京都交流試合に出場した後、そのまま大阪市北区の上海中医薬大へ選手全員で行き、大城さんと孫樹健から氣功について講義を受け、実技を教わりました。

それからJR東日本ではずっとチームで取り組んでいましたが、慶大では学生が受け入れてくれるかどうか、心配でした。

氣功はスピリチュアルなものだというイメージを持つ人が多いと思います。でも、精神論として入っていくと、選手はなかなかついてきません。あくまで野球がうまくなるためのもの、強くなるためのものとして取り入れることを説明しました。

「人間の細胞は、37兆個ある。それを一つにするのが氣功だ。慶應の野球部には100名を超える部員がいる。これを一つにするための技術練習でもある。氣功では体の軸と重心を意識する。バッティングでもピッチングでも、軸と重心を意識するだろ？　だから野球の技術練習にもつながるんだ」

氣功をやっていくうちに、選手も自分が一つになっていく、チームが一つになっていくのを実感するようになったと思います。

リチャード・脊古さんとの球縁

2月18日から3月5日までは、4年に1度のアメリカ遠征を行いました。

その初日。私は監督になってから初めて公式戦用のユニフォームを着ました。

グレー地で、胸には「KEIO」。背中には背番号「30」。鏡に背中を映し、たるみがないかを入念にチェックしました。これが「30」を着る重さなんだと感じました。

カリフォルニア州ロサンゼルスでUCLAなど大学を相手に5試合を実施した後、アリゾナ州へ移動してMLBのダイヤモンド・バックス傘下のマイナーチームと2試合のオープン戦を戦いました。

私は大学4年生になった1983年のアメリカ遠征で、アメリカの選手たちの身だしなみや試合中の全力疾走、ファイティングスピリット、対戦相手に対するリスペクトを目の当たりにしました。

それと同じように、学生たちにもアメリカの野球を肌で感じてほしいと考えていました。

今の若い人たちは、インターネットを使っていろいろな情報を収集しています。野球の技術やトレーニング方法など情報はあふれかえっています。メジャー・リーグなどアメリカの野球についても、私が学生だった頃とは比べられないほど、身近なものになっているでしょう。

ただし、それはあくまでテレビやスマホの画面を通して得たものでしかない。現地で実際に日差しや気温を肌で感じながら、自分で汗や涙を流して得た経験に勝るものはないと思います。

選手たちには「情報が簡単に手に入る時代だからこそ、『知る』ことよりも『自分の目で見て、感じる』ことを大切にしよう」と話しました。

UCLAには大敗しましたが、相手の気迫を感じて、選手たちは「野球は1対1の勝負の延長にチームプレーがあるんだ。チームプレー、チームで戦うとはこういうことなんだ」とわかったようでした。

この2020年のアメリカ遠征でも、1983年のアメリカ遠征でお世話になったリチャード・脊古さんが力を貸してくれました。

リチャードさんとの球縁は、私が三菱自動車岡崎にいた頃に再びつながりました。リチャードさんが「テキサスレンジャーズのスカウトになった」とクリスマスカードを送ってくれました。その後、彼が日本に来た時にはお会いするようなお付き合いが続きました。彼はアメリカでは私を「テッド」と紹介します。

2011年にJR東日本が都市対抗で優勝した時には会社がご褒美を考えてくれたのですが、私はアメリカ遠征をリクエストしました。自分自身の原体験として、野球観も変わったし世界も広がった。それをJR東日本の選手にも経験させてあげたいと考えました。

2011年の11月に優勝して、翌年の2月にアメリカへ遠征するというバタバタのスケジュールだったのですが、その際に向こうでリチャードさんがいろいろと骨を折ってくれました。JR東日本時代にはこの2012年と2014年をカリフォルニア州、2018年はフロリダ州と、3回のアメリカ遠征を実施しましたが、すべてリチャードさんにご尽力いただきました。

2018年には元々私が親交のあったルイス・アリシア（元・カージナルスほか）に加えて、リチャードさんがダンテ・ビシェッド（元・ロッキーズほか）とドワイト・グッデン（元・メッツほか）の二人の元メジャーの大物選手を臨時コーチとして招聘してくれました。

1983年の遠征時には一学生だった私を、リチャードさんがずっと覚えていてくれた……。もしあの時、UCLAのゲーリー・アダムズさんが私の名前を挙げていなければ、この球縁はなかったかもしれません。リチャードさんとの球縁も、私の野球人生の大きな支えになっています。

コロナ禍で問われたこと

アメリカから帰国後、新型コロナウイルスの感染拡大の影響を受け、3月28日から6月7日まで全体練習を自粛しました。

東京六大学野球連盟の臨時理事会が4月5日に開かれ、春季リーグ戦の開幕を予定していた4月11日から5月下旬に延期し、1946年春以来となる1試合総当たり方式に変更して開催することを確認しました。

ところが、4月7日に発令された緊急事態宣言が「5月6日まで」から「5月31日まで」に延長されたことを受け、5月13日の東京六大学野球連盟の臨時理事会で、春季リーグ戦を8月に延期する方向で模索することになりました。

私は日頃から選手たちに「どう生きるかが、どう野球をするかに繋がる」と伝えていましたが、コロナ禍にはまさにそれがあてはまると考えました。

「野球と感染症対策は一緒だ。野球ではヒットが出たとかホームランを打ったとか、エラーしたとかで一喜一憂してもしかたない。そのときに何をすべきかを考え、できることをやるしかない。コロナ禍でも感染者数などは自分でコントロールできない。一喜一憂せず、しっかりと感染症対策をすることに尽きる。とにかく冷静に、できることをやろう」

先が見えない中で、学生たちにどんな声を掛ければいいのか。気休めを言ってもしかたないし、いい加減なことは言えない。戸惑いました。

私は、例えば「今は連盟でこんなことを話し合っている」といった情報を適切に開示することが大事だと考え、野球部のグループラインで共有しました。

自粛期間中は174名の部員全員が集まることができなかったので、代わりにオンラインで全体ミーティングを開催しました。これは主将の瀬戸西や学生チーフスタッフの西澤俊哉ら幹部からの発案によるものでした。

週に3回、時間は1回30分程度。3回のうちの1回は私が話をして、残りの2回は指名された学生3名がチームで共有したいことを発信しました。

この機会に慶應の野球部の歴史を再確認してもらおうと考えました。

私はJR東日本の監督時代に、早大から生島大輔、大前佑輔、佐々木孝樹、東條航、江塚諭、吉永健太朗、丸子達也、小藤翼の8人を採用しています。早大の應武篤良監督（当時）や小宮山悟監督は、東京六大学リーグや早稲田の野球部の歴史について詳しくて、学生に早大野球部初代部長の安部磯雄先生や飛田穂洲先生の話もしっかり教育していました。早稲田と同じように、慶大の学生も歴史を知らないと伝統に対する感謝の気持ちや責任感が生まれないと思いました。

1928年秋の10戦全勝。1960年秋の早慶6連戦。1971年秋、1972年春、秋の3連覇などについて話しました。

前田監督が提唱した「エンジョイベースボール」についても詳しく話しました。

慶應の野球部は1911年に第1回アメリカ遠征を実施しました。第2代監督の腰本寿監督はハワイ出身で、「アメリカの野球から学ぶべきことがたくさんある」と考えておられました。その精神は、その後も慶應の野球部に根付いていました。

そして、1983年のアメリカ遠征で前田監督が「Let's enjoy」という言葉に出合ったことをきっかけに、その精神を「エンジョイベースボール」と表現しました。アメリカの野球やアメリカ遠征で目にしたこと、耳にしたことが源流にあるから、前田監督はスポーツマンシップやマナーにも厳しかったのです。

私は、学生たちにこう話しました。

「エンジョイベースボールには3つの要素がある。一つは、ベストを尽くせ。ベストを尽くさなかったら、楽しくも面白くもない。全員がベストを尽くせ。二つ目は、相手をリスペクトして、相手の事を考えろ。自分勝手なベスト、そんなものはいらない。常に相手の立場で考えろ。それから三つ目に、自分で創意工夫をしろ。言われたことをただやってるだけでは、エンジョイは生まれない」

オンラインでの全体ミーティングのほかに、グループディスカッションを週に1回、開催しました。部員が10数名ずつの班に分かれ、私が挙げたテーマについて話し合ってもらいました。班ごとに議事録をA4用紙2、3枚にまとめてもらい、それを私が読んでフィードバックする。これを繰り返しました。

テーマは多岐にわたりました。早稲田の「一球入魂」や「六訓（部訓）」をテーマにしたこともありました。私は三菱自動車岡崎の監督をしていた2000年の秋に、早大の安部球場（当時は東伏見グラウンド）を訪ねたことがあります。林川大希を採用するためでした。その日の安部球場に張りつめていた空気と、その後に野村徹監督（当時）からうかがった野球の話は鮮明な記憶として残っています。その後も含めて、私は安部球場に何度も足を踏み入れています。早稲田はライバルですが、ライバルから学ぶことも大事だと思います。

もちろん「エンジョイベースボール」をテーマに話し合ってもらった回もあります。その議事録を読むと、瀬戸西は「ただ楽しむのではなく、成功するための苦しさ、難しさもひっくるめて楽しむのがエンジョイベースボールだ」と話していました。一方、ある1年生は、ただ楽しむものだと解釈していたようでした。

この回の議事録のフィードバックとして、私はオンラインでの全体ミーティングでこうまとめました。

「1996年のアトランタオリンピックで、競泳の千葉すず選手が『オリンピックは楽しむつもりで出た』と言った。当時のスポーツ界では異端の発言だった。それからオリンピック選手もプロ野球選手も『楽しむ』と言うようになった。前田監督がそれより10年以上も前に言った『エンジョイ』の意味は、みんなもわかってきていると思う。だから、エンジョイベースボールの先を行こう。そうしないと天国の前田さんが『もっと深く追求しろ！』と仰るんじゃないか」

それは、エンジョイベースボールはエンジョイベースボールでも、いわば「エンジョイベースボール道」といえるものです。

コロナ禍での自粛期間をいいものだったとは言い難いですが、私にとっても選手たちにとっても、ミーティングやディスカッションで他人の考えを知り、自分の考えを深める2カ月になりました。

改めて自分のことを振り返ってみると、これまでひたすら野球に打ち込み、真の意味でエンジョイしてきました。

選手時代は誰よりも早くグラウンドに出て、誰よりも遅くまで練習してきました。公立高校出身の無名の選手が必死に練習することでなんとかメンバー入りを果たした。同期の中では私が一番エンジョイしていたのではないでしょうか。その意味で「エンジョイベースボール」は慶應義塾の元塾長である小泉信三先生の「練習ハ不可能ヲ可能ニス」と同義です。

マネジャー時代には「自分のため」ではなく、無私の精神で「選手のため」「チームのため」に動くことの大切さを知り、指導者になってからは創意工夫しながらチームを勝たせること、選手をうまくすることに人生を懸けて、ベストを尽くしてきました。

私はまさに「エンジョイベースボール道」とともに歩み、ここまで来たのです。

こうして私自身は球縁に導かれながら、野球の現場で悔いのない人生を送っています。

妻の里香をはじめ、家族が支えてくれました。家族サービスらしいことは、ほとんどできていません。ここまで野球に打ち込める環境を作ってくれて、ありがとう。感謝の気持ちでいっぱいです。

私は家では野球の話をしないのですが、テレビを見れば野球中継、本を読めば野球の本、訪ねてくるお客様は野球関係者と、結局は野球一色の生活です。

三菱自動車岡崎からＪＲ東日本に移ったのは、長男の典将が中学1年生、次男の碩史が小学校5年生の冬でした。岡崎時代、社宅が大府グラウンドの目の前だったので、私は毎朝、ユニフォームを着て家を出ていました。その姿を見て、子どもたちは「うちのお父さんはユニフォームが仕事着なんだ」と思っていたようです。

二人とも小学校時代に知多リトルで野球を始め、中学では世田谷西シニアでプレー。典将は慶應義塾高校（神奈川）、碩史は佼成学園高校（東京）に進みましたが、ともに高校3年の夏はベンチ外でした。

選手としてはあまりうまくいったとは言えません。堀井哲也の息子ということで、色眼鏡で見られたこともあったでしょう。

それでも典将は慶大で、碩史は青学大で野球を続けました。二人から「大学でも野球を続ける」と聞いた時には、心の中で拍手を送りました。

彼らにとって、野球は私との会話の手段だったのかもしれません。

現在、典将は仕事をしながら、２０１７年から東京六大学リーグの審判員を務めています。私がＪＲ東日本の監督をしていた頃は、審判の目から見た東京六大学の選手について話を聞いていました。私がその後に慶大の監督に就任したので、そういう話はできなくなりました。今は、何かとやりにくい部分もあるかと思います。

碩史は三菱自動車岡崎で外野手としてプレーした後、現在は同野球部でアナリストを務めています。

二人とも野球に関わる人生を選んでくれたのは、父親として嬉しい限りです。ただ、私自身が野球の現場以外のことを知らないので、野球以外の選択肢をアドバイスできなかったのかもしれないと、申し訳なく思っています。

二人にもいずれ、野球から離れる時期が来ると思います。その時に次のステップへ向かって、悔いのない人生を歩んでほしいと願っています。

第10章

大学日本一へ

東京六大学で戦うということ

2020年8月10日。慶大の監督として初めてのリーグ戦が開幕しました。史上初めて8月に開催され、74年ぶりの1試合総当たり方式という、コロナ禍での異例のリーグ戦になりました。

東大との開幕戦は、3対4とビハインドで迎えた9回に一死満塁から押し出し四球で同点に追いつき、最後は下山がレフトオーバーのサヨナラ打を打って5対4で勝ちました。リーグ戦で初めて背番号「30」を背負って指揮を執ったのですが、その感慨に浸っている余裕はありませんでした。いきなり東京六大学の洗礼を浴びました。

7回表に逆転された後、ベンチで「ここから7、8、9の3イニングだな」と言ったのですが、その言葉に選手たちが応えて、ひっくり返してくれたという試合でした。

立大、明大に勝ち、8月15日の早大戦を迎えました。

この日、神宮球場では試合前に1月14日に野球殿堂入りを果たした前田監督と早大の石井連藏元監督の表彰式が行われました。

1960年秋の早慶6連戦でともに指揮を執ったお二人の表彰式には、前田監督の次男・大介君と、石井監督の長男・拓藏さんが出席。野球殿堂博物館の斉藤惇理事長から、両氏に同博物館に掲額されるレリーフのレプリカが贈られました。1990年から1993年まで慶大で前田監督と「親子鷹」としてプレーした大介君がレプリカを受け取る姿を見て、私は感激しました。

早大戦は、普段のリーグ戦でも特別な試合として受け継がれています。そのうえ、真夏という例年とは違う季節に行われた。また、1試合制ということで、1勝の重みが増す。さらに前田監督の表彰式の後と、特別なことがいくつも重なった戦いになりました。

試合はこれまた慶大にとって史上初のタイブレークとなりましたが、10回表に無死二、三塁から橋本典之が右中間へ決勝の2点タイムリー三塁打を打って、5対3で勝ちました。

この日の野球殿堂入り表彰式と早慶戦は、大きく報道されました。監督に就任してから、始動日や年末の練習納め、年始の練習初めに多くの記者の方が取材に来られていました。社会人の監督時代には考えられなかったことです。

コロナ禍で春のリーグ戦が開幕してからも1試合1試合の報道のレベルや関心の度合いが社会人時代とは違っていて、社会的影響の大きさを感じていました。そこにきて、この早慶戦。学生野球ファン、六大学野球ファン、卒業生を含めた学校関係者……。ものすごいところまで影響力があるんだと、より一層感じた試合でした。

翌日、最終戦の法大戦で4対7で敗れ、秋春連覇は逃しました。

改めて東京六大学というのは力の差がなく、お互いがしのぎを削る厳しいリーグだと実感し、野球の奥深さを感じました。

私以上に、選手が悔しかったでしょう。実力が紙一重の東京六大学で一歩抜け出すための何かを感じたはずです。それを集約するのが私の責任だと感じました。

私は今まで以上に選手を把握しなければならないと考えました。やはり、社会人に比べると、学生はいろいろな面で経験が浅い。そのため試合での力の出方の幅が大きい。その選手がどういう練習に取り組んで、仕上げてきたか。試合までの過程も含めて把握していないと、試合で起用するための正確な判断ができません。把握しないまま起用するのは選手に迷惑をかけること、選手の能力を引き出せないことに繋がってしまいます。

ただ、実際問題として170人を超える部員の一人ひとりを私と助監督の竹内大助、上田コーチの三人でそこまで深く、正確に把握できるかというと、難しい。ある程度までは選手自身の力に頼らざるを得ません。

選手一人ひとりが心・技・体などいろんなことを自分でコントロールしていく術を身に付ける。それを指導者が的確に判断する。そうしなければ、選手の力を引き出せないし、勝てないとわかりました。

2020年の秋のリーグ戦は、春のリーグ戦が終わってから約1カ月後の9月19日に開幕しました。

春は1試合総当たり制でしたが、秋は2試合総当たりで、勝ち点制（勝利1ポイント、引き分け0・5ポイントのポイント制）で行われました。

開幕から東大、立大に4連勝。明大1回戦では1点を追う9回に一死から追いついて引き分け、0・5ポイントを獲得。明大2回戦、法大1回戦で逆転勝ちするなど、粘り強く戦って6勝2分け（7ポイント）と無敗で首位に立ち、最終週の早大戦を迎えました。

早大はそこまでの8戦で5勝3分け（6・5ポイント）。慶大は2試合で1ポイントを加算すれば、つまり1勝するか、2戦とも引き分ければ優勝が決まるという状況でした。

1960年秋の早慶6連戦から60年という節目にあたるリーグ戦で、お互いに優勝をかけて戦う。これ以上ない舞台。慶應の総力をぶつけようと臨みました。

11月7日の1回戦は早大のエース左腕・早川隆久（現・楽天）を攻略できず、1対3で敗れました。

翌日の2回戦。慶大は勝てば優勝。早大は引き分け以上で優勝が決まります。

2対1と1点をリードした8回に二死から下山、正木の連打で一、三塁のチャンスを作りましたが、ここで救援した早川に後続が倒れました。

迎えた9回。8回から救援したエースの木澤が、二死から熊田任洋にレフト前へヒットを打たれました。

次は左の強打者・蛭間拓哉です。私はすぐにベンチを出て、球審の山口智久さんに投手交代を告げ、左腕の生井惇己をマウンドへ送りました。

投手交代を告げた瞬間、神宮球場のスタンドがざわついたのがわかりました。

まあ、見ていろ。私には生井が蛭間を力でねじ伏せる自信がありました。

ところが――。

初球でした。生井が投げた126キロのスライダーを、蛭間がフルスイング。打球はバックスクリーンへ飛び込む逆転2ランとなりました。

生井はマウンドの横でヒザから崩れ落ち、地面に顔がつくほど突っ伏していました。センターを守っていた渡部遼人（2022年からオリックス）は、バックスクリーンをじっと見ていました。

私は蛭間が三塁を回ったのを見た時には、もう気持ちを切り替えていました。

まだ1点差だ。9回裏の攻撃は誰からだ？

生井が次打者の早川を遊ゴロに打ち取り、9回裏の攻撃に入りました。まだサヨナラ勝ちできる。代打として左ピッチャーに強い古川智也や、嶋田翔、植田響介（現・ENEOS）、藤元雄太（現・九州三菱自動車）が控えていました。なんとかしてくれるんじゃないか……。そんな風に期待しながら、あがいていたというか、もがいていました。

まずはこの回の最初の代打として古川を送りましたが、セカンドフライに倒れました。

次に、2番目の代打・嶋田が一塁ベースに打球が当たるヒットで出塁しました。よし、一人出た。サヨナラ2ランもあるぞ。しかし、3番目の代打・植田はセカンドフライ。4番目の代打・藤元はカウント1ボール2ストライクから早川の149キロのストレートに空振り三振。2対3で敗れ、目の前で早大に優勝を決められてしまいました。


この試合はベンチ入り25名のうち24名が出場しました。ベンチには、植田か藤元がヒットで繋いだ時に代走で出すために取っておいた上田寛太が残っていただけ。まさに総力戦でした。選手はよく頑張ってくれたと思います。

監督には全権がある。試合に向けて練習をどういう風に持っていくのか。選手のコンディションや技術をどうやって作り上げていくのか。チームをどうやって仕上げていくのか。試合ではどの選手を起用するのか。どんな作戦を用いるのか。その全権の結果が試合で出る。敗れたのは、自分の責任。自分が精進するしかない。負けた時にはそう考えて、ずっとやってきました。

この試合後の取材で木澤の交代について訊かれ、私はこう答えました。

「続投という考えもあったと思います。これはもう私の判断なので、本当に選手には申し訳ないことをしたという気持ちです。継投は投げるピッチャーの状態次第。投げているピッチャーと相手打線の状態を判断しながら、代えるか、代えないか。結果として、こういう試合になったというところです。私の力不足です」

木澤から生井へのスイッチは、より確率が高いほうを求めた判断。その一点に尽きます。

蛭間は、左ピッチャーを苦手にしていました。2020年のリーグ戦では、左投手に対してこの試合まで11打数1安打というデータがありました。また、8月15日の早大戦では、タイブレークの10回裏に生井が一死満塁の場面で蛭間に127キロのスライダーを投げ、見逃し三振に仕留めていました。

それに対して、木澤は前日の1回戦で蛭間に134キロのスプリットを投げ、左翼席へ2ランを打たれていました。

ただ、木澤に「まともに勝負しなくていいぞ」と言って続投させ、結果的にフォアボールで歩かせてランナー一、二塁になってから判断してもよかった。蛭間をねじ伏せるというのは、私の邪心だったかもしれません。

打たれた生井を責めることはありませんでした。むしろ、次の早川を打ち取ったことを褒めました。「あそこで2ラン打たれて逆転された後、さらにランナーを出して……ということはなかったよな」と。しかし、打たれた後にマウンドの横で崩れ落ちた姿についてだけは、「あれは良くないよ」と言いました。

これも含めて、私の責任です。蛭間にホームランを打たれて逆転された後、生井を含めてチーム全員を「まだこれからだ」と奮い立たせるところまでは持っていけていなかったのですから。

それともう一つ。実はこの場面で、私は竹内助監督への確認をしないまま、交代を告げていました。

まず試合の1週間前に、竹内と投手起用のプランを打ち合わせします。次に前日。「明日はだいたいこういう感じかな?」ということで、確認します。そして、当日の朝にもう一度、細かい部分まで確認します。そのうえで、ピッチャーを代える時には必ず、竹内に「代えるぞ。いいよな?」と確認しています。

あの試合でも、9回の守りに入る時には、「蛭間に回ったら、生井だよな?」と確認しました。竹内は「そうですね」と答えていました。

ただ、その蛭間への回り方にもいろいろなケースが考えられます。例えば9回の先頭バッターを出して、バントで送られて、二死から蛭間というケースもあったでしょう。実際には2アウトを取った後に熊田に打たれて、蛭間に回りました。その状況によって、どうするか。最後の最後の確認は、しなかったのです。

この1年間、春も秋も含めてずっと竹内に確認してきたのに、あの場面だけ確認しなかった。

すぐにベンチを出てしまった。それは、微妙な焦りだったのかもしれません。

後になって竹内に「あの場面で確認していたら、どうだった?」と訊くと、「僕は木澤の続投だと思ってました」と答えました。彼は「後だしジャンケン」で答えるような男ではないので、私が確認していれば、本当にそう答えていたに違いありません。

自分の責任で負けたので、しかたありません。ただ、あの後のSNSやニュースのコメント欄などのインターネット上の書き込みには、とても傷つきました。

「4年生の気持ちをどうするのか」

「なぜエースと心中しないのか」

「采配に酔っている。最後は試合を壊す」

「木澤から生井に交代した時のあのドヤ顔が忘れられない」

「私、この人嫌い」

三菱自動車岡崎時代の選手からの批判もこたえましたが、今度は顔も名前も知らない人たちからの声です。しばらく眠れない夜が続きました。いっそのことスマートフォンなんか捨ててしまおうかと思うほどショックでした。

結局は、自分の仕事に打ち込み、今に懸ける。組織を永続させる秘中の秘は、この一途さに尽きるんじゃないか。カッコ悪い監督かもしれないけど、とにかく目の前のことを一つひとつ全力で、選手とチームに対して誠意をもってやるしかない。私への書き込みは、すべてエールだと思おう。

後日、私は選手たちに「SNSイップス気味だけど、采配はともかく」と前置きして、こう言いました。

「あそこから再逆転できるチームになろう！」

この早慶戦での逆転負けの後、先輩方から激励を受けました。

鈴木義信さんに誘っていただき、1948年のセンバツで優勝した京都一商（現・西京高校）の捕手で卒業後は全鐘紡の選手だった種田吉富さん、1960年秋の早慶6連戦のエースだった清澤忠彦さんと4人で東京・自由が丘の中華料理店と喫茶店をはしごしました。その約3時間で、いろいろなお話を聞かせていただきました。

その会がお開きになったすぐ後、私はすぐにカバンから野球ノートを取り出し、メモしました。

「慶應がプロの真似をしたらダメ」

「動きすぎず、戦況を見て引く」

「（慶應の第2代監督の）腰本寿監督のように、選手を動かせ。監督が動いたらダメ」

「強いチームではなく、いいチームを作れ」

また、日本鋼管の監督を務めて日本代表も率いられた田浦正昭さん、リーグ戦で2度の首位打者に輝き、松下電器でプレーされた松下勝実さん、1971年秋から3連覇を達成した時のエースだった萩野友康さんからは励ましの電話やメールをいただきました。

秋のリーグ戦が終わると、すぐにフレッシュトーナメントが始まりました。1、2年生が出場した試合を見た後、私と竹内、それから新主将に就任した福井章吾、学生スタッフの米倉孝太郎、森野壮眞らと神宮球場近くの喫茶店に入りました。そこで新チームのことについて30分ほど話しました。

その後、福井だけがその場に残り、また1時間近く話し込みました。

福井は私に「来年優勝するために、もっと練習します。僕はやります」と言いました。

その前日。私は監督室で福井に「福井は大阪桐蔭で甲子園で優勝という経験をしているよな。その経験を、この慶應に何とかプラスにできないか？　慶應の野球部がワンランク上がるには、君がキャプテンの時しかないぞ。このチャンスを逃したら、大きな改革は難しいぞ。それだけ福井はいろいろなことを知っているから」と話していました。

その「宿題」に対する彼の答えが、練習量でした。

それまでは午前中にベンチ入りメンバーを中心にした30人から40人くらいが練習をして、午後からは残りのメンバーが練習するという二部制でやっていました。

「ベンチ入りメンバーは午前中だけやって終わり」という考え方を変えて、午後も打ち込みだけやるとか、守備練習だけ入ってやっていくとか工夫をして、練習量を増やそうということでした。

もう一つは、オフの期間。例年は年末年始の2カ月間は「長期オフ」になるのですが、これを「自主練習期間」と捉えて、有効に使おうということでした。

実は個人個人では、以前からそういう形でやっていました。大久保前監督の時代から選手が自発的に練習する文化は根付いていていました。それを、チームとして号令をかけてやってもいいのではないか。それが福井の意見でした。

こうして、1日の中での時間と、1シーズンの中での1日という、時間の使い方を見直すことになりました。

チームとして動くとなると、メンバー外の部員が練習する時間や場所を奪ってしまうことにもなります。そこで、私は考え方を整理して、全員に伝えました。

「このチームの目標はリーグ優勝、日本一だ。そうすると、ベンチ入りメンバーの選手が一番タフに鍛えないといけない。そういう環境を作るのは、監督である私の仕事だ。

ただし、みんな慶應の部員である以上、誰もがそこを目指せる組織でないといけない。その仕組みは作ってある。必ずみんなが練習できるようにするし、実戦形式や試合の機会も与える。もちろん、私や竹内助監督、上田コーチがそれを見ている。野球ノートなどのコミュニケーション手段で、その仕組みを整える。だから、出てくる選手は出てこい。出てこられるだけの環境はあるはずだ。

そのうえで、どこかのタイミングでチーム内の競争に負けた選手は、次の機会までチームが勝つためにサポートに回ってくれ」

11月18日に新チームの練習が始まった時には、福井がこう話しました。

「今一度、『早稲田に勝つ』『リーグ優勝』、『日本一』という3つを念頭に置いてやっていこう。この1カ月、もっと言えば1年間やり通してほしいことが2つある。それは謙虚な気持ちを持つことと、向上心を持つこと。慢心があれば勝てないし、向上心を失えばレベルアップできない。この2つを1年間思い、早稲田に勝ち、リーグ優勝して日本一になれるよう頑張っていこう」

2021年のチームスローガンに「繋勝～Giving Back～」を掲げました。「繋勝」には「全員の想いを繋いで1勝を紡ぐ」という意味が、「Giving Back」は勝利の先にある目的を指しており、「日頃から応援してくださる方のために恩を還元していく」という意味が込められました。

前年の秋は、あと1アウトから優勝を逃した。何が足りなかったのか、一人ひとりが答えを模索しました。

私は「野球の技術力アップには、人間としての土台が必要だ」と説き、学生たちは挨拶、合宿所やグラウンド周辺の清掃など野球以外の部分にもしっかり取り組みました。

私はJR東日本の時と同様、学生たちには挨拶について、日頃からこんな話をしていました。

「グラウンドの周りで出会った人にはみんな挨拶しよう。『おはようございます』『こんにちは』だけではなく、たとえば『今日は寒いですね』というように、二言で挨拶しよう。子どもにもしゃがんで挨拶しよう。自分から挨拶するって、すごく勇気がいるぞ。挨拶しても、返してくれない人もいるよ。そうしたら、この人に挨拶してもらうにはどうしたらいいかと考えるんだ。挨拶の仕方が悪かったんじゃないか。もっと正面から元気にしたほうがいいのか。もうちょっと控え目に会釈したほうがいいのか。その人に合わせて、挨拶するようにしよう」

青天の霹靂だった事件

2021年のスタートを切った矢先のことでした。

1月26日の16時頃、私の携帯電話に東京六大学リーグを取材している新聞記者の方から電話がありました。

「どうも、お世話になってます」といつもの調子で明るく電話に出ると、「大変申し上げにくいことなんですけど……。野球部のAさんが逮捕されました」と言われました。

「えっ？　どういうことですか？」

青天の霹靂とは、このことです。聞けば、4年生のAが新型コロナウイルス対策の持続化給付金をだまし取った容疑で、島根県警に逮捕されたとのこと。前代未聞の事件でした。

「こちらも今、支局から連絡があって、いろいろと確認しているところですけども」と言う記者の方に、私は「今言えるのは、『Aはうちの野球部員です』ということだけです」と答えました。

電話を切ると、すぐに野球部の岡浩太郎部長、東京六大学野球連盟の内藤雅之事務局長、慶應義塾大学、三田倶楽部に電話で連絡しました。

その日の練習は打ち切り、野球部としての活動はしばらく自粛することになりました。

夜からは野球部員全員に聞き取り調査を始めました。その詐欺行為が、野球部としての組織立ったものだったのかどうか。Aと交友関係があったか。事件のことを知っていたか。そういう話を聞いたことがあったか。合宿所で生活している部員と、合宿所まで来られる部員には監督室で話を聞き、すでにヤクルトの自主トレに入っていた木澤など来られない学生には電話で連絡を取りました。

3日ほどかけて、竹内助監督と手分けをして、約170名の部員全員に対して調査をして、報告書を作成。大学など関係各所に提出しました。その報告と警察が調べた事実とが食い違ったり、新しい事実が出てしまったりしたら……。そんな心配をさせないぐらい、徹底した内部調査をしました。学生たちと面談をしている時には、「引退した先輩のことで、なんで僕らがこんなことを……」「野球部としての活動ができないのは悔しいです」という声もありました。

私は、「いやいや、そうじゃないよ。まずは組織の一員としてしっかり受け止めよう。慶應の野球部というのは、それだけの重い立場にあるから」と諭しました。

もう一つ、私が学生たちに言ったのは、再発防止の自助努力です。

「裁判の結果を待たないと、人は裁けない。ただ、我々は部員が逮捕された事実を重く受け止めて、野球部としては二度とこういうことがないようにしないといけない。ここに尽きる。やってはいけないこと、あってはいけないことだけど、誰の心にだってこういうことが入り込む余地はあるし、何か事件を起こしてしまう可能性はある。そういう風に考えよう」と説きました。

私自身の責任については、どんな処分があっても受け入れるつもりでした。監督には勝敗はもちろん、部の運営においても全責任があるわけですから、覚悟は固まっていました。ただ、できることは、全力でやろうと思い、まずは内部調査、そして再発防止に真摯に取り組みました。

野球部内で事件に関わったのはAだけで、組織的ではなかったため、2月11日から野球部の活動を再開することになりました。それに先立ち、合宿所の近隣のみなさんが心配してくださっているのではないかということで、横浜市港北区下田町の町内会と下田商店街会のトップの方々のところへ、三田倶楽部の奈須理事長と一緒にご挨拶とご報告にうかがいました。すると、事件のことには触れず、「野球部の選手はみんな挨拶をしてくれるし、掃除もしてくれている」と褒めてくださいました。

慶應の野球部のことを理解していただいているんだな。応援していただいているんだな。胸が熱くなると同時に、改めて注目度の高さや期待の大きさを感じました。

2020年のリーグ戦では、早大の早川、法大の鈴木昭汰（現・ロッテ）、明大の入江大生（現・横浜DeNA）といった素晴らしいピッチャーたちと対戦して、点が取れませんでした。年末に静岡の実家に帰省した際、次男の碩史が「これを読めば?」と言って、「High Scoring Baseball」（Todd Guilliams著）という英語で書かれた本を渡してくれました。翻訳ソフトを使いながら読むと、打者の貢献度の一つとして、打席の質の高さを評価するQAB（Quality At Bat）という考え方が書かれていました。

それをきっかけに慶大でもQABを取り入れ、2021年の春のリーグ戦開幕に向けて主将の福井を中心に選手たちが打撃の質の向上に取り組んでくれました。

打席では、カウントが0ストライクから1ストライク、2ストライクと進むにつれ、球の見極めがシビアになります。カウントごとにポイントを変えて球を見極め、バットを出す練習を積み重ねました。

打者は甘い球を積極的に打ちにいきながら、2ストライクまで追い込まれてからもボール球には手を出さない。際どい球をファウルにして、1球でも多く投げさせる。簡単にはアウトにならない。そういう打撃を徹底しました。

3季ぶりのリーグ優勝

迎えた2021年の春季リーグ戦の開幕。4月10日の法大1回戦は先発の三浦銀二（2022年から横浜DeNA）にノーヒットに抑えられ、1対2で敗れて黒星発進となりました。

8回に四球で出た走者を盗塁と一ゴロで進めて一死三塁とすると、代打・北村謙介の遊ゴロの間になんとか1点を奪ったのですが、その後もヒットは打てず、リーグ史上62年ぶり3人目となるノーヒット・ワンランを達成されてしまいました。

試合前から、三浦攻略は相当厳しいと考えていました。彼の投球成績からすると、1試合で1個四球を取れるかどうか。1点取れるかどうか。そんなピッチャーをどうやって攻略するか、そして守備でいかに失点を防ぐかがポイントでした。

結果的には1対2で敗れましたが、6四球を選んでいました。その日の夜に試合の映像をよく見直すと、各バッターが甘い球に対してしっかりバットを振っていました。

だから、三浦から6個も四球を取れたんだな。バッターがやっていることは間違ってないよな。選手は打てないと「何かを変えないといけないんじゃないか」と疑心暗鬼になってしまうけど、大きな修正をかける必要はない。むしろこれで自信をなくすことが怖い。

翌日。チームのバスが神宮球場に着いた後、バスの横にまず正木を呼び、次に廣瀬隆太を呼んで、それぞれのスイングだけを確認しました。

「よし、これでいい。絶対大丈夫だ」

二人にはそう言いました。

試合前のベンチ裏にベンチ入りメンバーが全員集まった時には「昨日は四球を6個も取っている。何も問題ないよ。何も変える必要ない。三浦君の出来がよかったと考えて、リラックスして、自信を持っていけ」と話しました。

法大2回戦では4回に正木が左翼席へソロホームランを打つなどして先発の山下輝（2022年からヤクルト）を攻略し、7対1で快勝しました。

ノーヒット・ワンランの翌日にチームを立て直し、自分たちがやってきた打撃を貫いたことが、その後に繋がります。

続く明大、東大、立大に連勝して、開幕黒星の後の7連勝で首位に立つと、試合がなかった第

天皇杯を手にする堀井監督（右）と抜群のリーダーシップで慶大を支えた主将の福井章吾

7週の5月23日に優勝の可能性を残していた立大が明大2回戦で敗れたため、慶應の3季ぶり38回目のリーグ優勝が決まりました。

慶大のグラウンドで優勝決定を知る形になりましたが、私としては早く決まってほしかったので、ホッとしました。

その日の夜にオンラインで行われた優勝会見で、私は言いました。

「学生スポーツは毎年、4年生が卒業していきます。昨秋の4年生の悔しさを目の当たりにした3年生が今度は4年生になって、よく戦ってくれた。選手たちが悔しさを乗り越えたことに気持ちが高ぶっています。ベンチ入りメンバーだけではなく、チームを支えたチームスタッフもデータ班もマネジャーもいます。ベンチ外のメンバーが打撃練習ではピッチャーやキャッチャーをやってくれたり、試合ではバット引きなどを率先してやってくれたりしました。立役者は『誰が』というより、強いて言えば4年生の力じゃないかと思います」

優勝が決まっても、私たちには「早稲田に勝つ」「日本一」という目標があります。

巨人のV9時代の捕手だった淡河弘さんからお聞きした話ですが、川上哲治監督は日本一になってビールかけをして盛り上がった直後に選手を集めて、「今から来年だ」と言ったそうです。選手の中には「今日ぐらいはゆっくりさせてくれ」と不満に思った人もいたかもしれません。

私は優勝を決めた日の夜にはそこまで言えなかったので、翌朝の練習前のミーティングで選手たちに言いました。

「次の目標は早慶戦。喜びは一晩で終えて、次のこと、次のことを考えていこう」

早大戦には全力で獲る気持ちで臨み、1回戦は3対2で勝ちましたが、2回戦は2対4で敗れました。

2回戦終了後に行われた閉会式で、天皇杯を授与されました。

春のリーグ戦が終了した後、駒大の元監督の太田誠さんからお電話をいただきました。

「堀井君、おめでとう。去年の秋に早慶戦で蛭間にホームランを打たれて負けたよな。あの時に電話しようかと思ったんだけど、さすがに……と思ってやめたんだ。だけど、君はよくこの半年で、ここまで持ってきたな。よほど選手に対してうまく接したんだな。ああいう負け方をすると、監督もチームも立ち直るのに時間がかかるんだよ。よくやったな」

嬉しいと同時に、わざわざお電話をいただいたことに恐縮しました。

昨秋のシーズン終了後、私は次のシーズンのことを考え、シーズンに入ったらそのカードのことを考え、そのカードに入ったらその1試合のことを考えて、目の前のことだけを見てやってきました。太田さんにそう言われて振り返ってみると、改めて感じることがありました。

大学野球の新米監督が、自分の采配ミスで優勝を逃した。そこへきて、部員の事件があった。しかも、春はノーヒット・ワンランからのスタート。何か歯車が一つでも狂っていたら、チームは空中分解していたかもしれません。やはり学生たち、特に4年生が結束して、チームのためにやってくれたことに尽きると思います。

全員で掴んだ大学日本一

春のリーグ戦の閉幕から約1週間後の6月7日。全日本大学選手権が開幕を迎えました。

その日、三田倶楽部の奈須理事長からの電話で、綿田さんが亡くなられたことを知りました。なんとか大学選手権まで、と心の中で祈っていましたが……。覚悟はできていたとはいえ、とても寂しく、残念でした。なんとか最後に天皇杯をお見せできてよかったという気持ちもありました。

前年の全日本大学選手権は新型コロナウイルス感染拡大の影響で大会史上初めて中止になっていましたので、2年ぶりに開催された「大学日本一」をかけた戦いでした。

大学選手権は春の集大成です。昨秋に早稲田に逆転負けして優勝を逃してから、ここまで培ってきたチーム力をすべて出す。その手助けをするのが私の仕事です。

大会前のある日。初戦の和歌山大戦に向けて練習していると、青学大の元監督の河原井正雄さんが慶大グラウンドに激励に来てくださいました。

河原井さんは青学大の監督として4回、大学選手権を制しています。私は、「選手権で優勝するコツを教えてください」と切り出しました。

河原井さんは真剣な表情をして、淡々と仰いました。

「東都で勝ったら、全日本選手権で負けるわけがないと思っていたよ。それだけの戦いを東都でやっていたから」

この言葉に勇気をもらいました。そうだ、今の東京六大学の戦いの中身の濃さを考えれば、負けるわけがない。私はそういう心構えで大会に臨みました。

6月9日の初戦（2回戦）で和歌山大に4対2で勝つと、6月10日の準々決勝では関学大に5対3で勝ち、ベスト4に駒を進めました。

準決勝の上武大戦を翌日に控えた6月11日、練習前のミーティングで私は選手たちに言いました。「トーナメントで準決勝や決勝に進出したら、まわりの人は褒めてくれるだろうけど、ベスト4というのはあまり価値のあるものじゃない。やはり優勝だ。優勝というのは結果だから、一戦一戦、1イニング1イニング、1アウト1アウト、1球1球を全力でやった結果、ついてくるものだ。ベスト4とか準決勝という言葉に惑わされずに、常に目の前の一戦を戦おう」

上武大との準決勝。2対1で迎えた6回表の守りで、二死一、二塁から相手の四番・ブライト健太（2022年から中日）の打球が三塁手の下山の右へ転がりました。打球を追った下山と二塁走者が交錯したように見え、下山は捕球できませんでした。

私はベンチから出て、審判団に確認しましたが、守備妨害ではないという判定。私はすぐにベンチへ引き下がり、二死満塁で試合は再開されました。

その直後。先発の森田が初球を五番・進藤勇也に左中間スタンドまで運ばれる満塁ホームランを打たれ、2対5と逆転されてしまいました。

審判団に確認した後、マウンドの森田のところへ行くか、キャッチャーの福井のところへ行くかして、声を掛ければよかったかな。一瞬そんなことを考えましたが、進藤が三塁ベースを回ったくらいには、すぐに気持ちを切り替えていました。チェンジになって守備陣がベンチに帰ってきた時、選手たちはまったく動じていませんでした。


「これ、成長の機会だよ！」

「この試合に勝てば、また強くなれるよ」

「勉強！　勉強！」


選手のほうが、私よりも奮い立っていました。私も切り替えて次を向いているつもりでしたが、どこかで少しは引きずっていたかもしれません。選手から勇気をもらいました。

6回裏、北村の左犠飛ですぐに1点を返すと、7回裏には相手の失策で追いついた後、福井がタイムリーを打って逆転に成功しました。

8回表にブライトにタイムリーを打たれて再び同点とされましたが、その裏には正木と廣瀬の

2点タイムリーで4点を勝ち越し、10対6で勝ちました。

2020年秋の早大2回戦で9回の二死一塁から蛭間に2ランを打たれて逆転負けしてから「あそこから再逆転できるチームになろう」と言ってきました。そういうチームになれたのは、「これをしたから」という特別な理由があるわけではありません。

とにかく、「グラウンドに入ったら勝つことと、うまくなることだけを考えろ」と言い続けてきました。その日々の蓄積でしかありません。

それは、私が三菱自動車岡崎のコーチになった時からずっと言い続けていることです。私自身が怯んだり、疑問に思ったり、後ろを向いたりしたら、選手には絶対に伝わらない。常に前向きで、負けたら次にどうするか、そのために今はこれやるべきだということを日常からやり続けてきたからだと自負しています。

6月13日の決勝戦。相手は福井工大でした。

試合に向けて慶大グラウンドで練習を始める前に、私は学生たちに言いました。

「今日は決勝戦。当然みんなは『普段通りやるぞ』と考えていると思う。勝っても負けても今日で終わり。ここですべてを出し切るのは大事なことだけど、その気持ちが強すぎると最後の1アウト、あと1点が必要以上にプレッシャーになる。そこで、どうするか。

大事なのは、チームの理念だ。繋勝。繋いで勝つという理念を4年生中心に決めてやってきたと思う。そうすると、今日の試合は2021年度の学生野球の1ページでもある。ここで終わりでもないし、始まりでもない。すべて連続して繋がっている。その中の1コマであり、通過点だ。それこそ普段通りやればいい。

「アップの1歩目、キャッチボールの1球目から勝ちにこだわってほしい。ただ、試合になれば普段通りでいい。そういう気持ちで、今日はやっていこう」


試合前に神宮球場のグラウンドに出て、対戦相手の下野博樹監督に挨拶に行きました。下野さんは、三塁側、福井工大側のスタンドを指差しました。

そこに見えたのは、大須賀康浩さんがこちらに手を振っている姿でした。

大須賀さんには三菱自動車川崎時代に野球部でも職場でもお世話になりました。2002年から福井工大福井高の監督に就任され、2017年8月から2020年のシーズンまで福井工大の総監督を務めておられました。前日にはわざわざ激励のお電話をもらっています。

また、相手チームには三菱自動車岡崎で都市対抗に初出場した時の主将だった田渕智宏の長男・竜臣がいました（決勝戦では6回に代打で出場）。田渕もスタンドのどこかにいるはずでした。JR東日本の濵岡監督と中矢浩次マネジャーも大会中は決勝を含めて全試合を観戦に来てく

堀井監督率いる慶大はリーグ戦の勢いそのままに、全日本大学野球選手権記念大会も制して34年ぶりの大学日本一に

れていました。

決勝戦は三菱自動車川崎、三菱自動車岡崎、ＪＲ東日本で球縁のある人が集まった試合でした。

初回に正木がセンターバックスクリーン右へ先制2ランを打ったのを皮切りに打線が繋がり、13対2で勝ちました。

福井工大は準決勝までの4試合で34得点している打のチーム。5回を終えた時点で6対2とリードしていましたが、だからこそ1球たりとも気を抜きませんでした。

34年ぶり4度目の優勝が決まった瞬間はホッとしたと同時に、選手たちは本当によく頑張ったなと思いました。

決勝戦の試合後。神宮球場から出て、車を停めてあった駐車場へ向かっていると、携帯に電話がかかってきました。

全日本野球協会会長の山中正竹さんからで、「おめでとう」と祝福していただきました。

山中さんは法大のエースとしてリーグ戦通算48勝という大記録を打ち立てておられます。指導者としても、住友金属の監督として1982年の都市対抗で優勝。法大の監督としても東京六大学野球でリーグ優勝7回、1995年の全日本大学野球選手権で優勝と、名選手であり、名監督でもあるお方です。

2010年の冬には法大の市ヶ谷キャンパスの山中さんの教授室を訪ね、昼から夜までの長い時間、監督論を教えていただきました。

2014年に山中さんが開いている勉強会で対談させてもらった時は、「堀井が選手として活躍した記憶はないが、監督として三菱自動車岡崎を全国区にし、JR東日本で輝かしい成績を挙げている」と評していただきました。そんな山中さんが、試合が終わってすぐにわざわざお電話をくださった。それくらい気にかけてくださっているんだなとうれしく思いました。

山中さんに続き、私も監督として社会人と大学で日本一になりました。山中さんに並んだとも追いついたとも、まったく思っていませんが、両方で日本一になれたことは特別な喜びです。

社会人野球では、会社のバックアップがあります。特にJR東日本というチームは予算面、採用面、スケジュール面など環境に恵まれていて、こうしたいということは会社がほとんど実現させてくれました。

実は、私が慶大の監督になる時、リチャードさんに報告したところ、「栄誉なことだけど、今より環境が劣る所で、それは堀井さんにとっていいことでしょうか？　大丈夫ですか？」と心配してくれました。野球界をよく知るリチャードさんの目から見ても、JR東日本はプロと変わらない環境がお膳立てされていたわけです。

それに比べて、大学野球では予算も少ないし、チーム作りやチーム運営は手作りに近い。部員数が多い中で、社会人の時以上にその一人ひとりの協力がないとやっていけない組織です。

全員が神宮でプレーすることを目指して競争して、そこから選ばれたベストのベンチ入りメンバーが活躍する。ベンチに入れなかった部員も自分の役割を見つけてチームを支える。そういう図式を考えた時、大学日本一という結果には172名の部員全員の力が関わっています。

手作りのチームで、みんなが本当によく頑張ってくれました。感謝の気持ちがありましたし、感慨深いものがありました。

大学日本一から一夜明けた6月14日。綿田さんの告別式が、東京都内の斎場で執り行われました。

その日は雨でした。綿田さんが亡くなった現実に戻り、ショックを引きずったまま斎場まで行き、席に座って告別式が始まるのを放心状態で待っていました。

参列者の中には、黒色のネクタイではなく、赤色と紺色のストライプのネクタイをしている方が目立ちました。一目で慶應義塾の関係者だとわかる人たちです。

やっぱり綿田さんは大学教授としても周りから頼りにされていたんだな、みんな綿田さんの事が好きだったんだなと、しみじみと思いました。

私は綿田さんの霊前に日本一達成を報告して、心の中で「ありがとうございます」とお礼を言いました。

エピローグ〜通過点〜

大学日本一になった後、私は全体ミーティングで学生たちに言いました。

「全員の力がないと、こういう結果は生まれない。みんなの力で勝ち取った優勝だと思うので、自信と誇りを持ってほしい。この優勝は、一生消えない。『こうやって勝った』という自分の体験、経験をこれからの人生に生かしてほしい。通過点と言ったのは、まさにそこ。もちろん秋もリーグ優勝、日本一という目標はあるけど、慶應義塾体育会野球部に入ってきて、4年間で何を学んで、卒業していくのかということ。そこに一番の価値がある」

秋に向かって、チームがどうなっていくのかを見守っていました。ムードを引き締めたほうがいいのか。いったん緩めたほうがいいのか……。

そんな心配は、杞憂に終わりました。ミーティングでは主将の福井を中心に、学生たちが口々に「春の山を降りて、秋の山をもう一度登るぞ」と言っていました。私は何も言う必要などなかったのです。

夏の間も、学生たちが日々提出してくる野球ノートには「危機感がなくなっている」「緩んでいる」と、自分たちを戒めるように書いてありました。

指導者が言うべきことを、学生が自分たちで理解しているのは、すごいことです。そうした選手たちの成熟が、そのままチームの成熟に繋がっていきました。

2021年の秋のリーグ戦は、法大で新型コロナウイルスの集団感染が発生したため、東京六大学連盟の理事会で話し合った結果、日程を変更して1週遅れの9月18日に開幕しました。六校でやり遂げようというのが、関係者の総意でした。

開幕の東大1回戦から第5週の法大2回戦までの8試合で4勝4分けと、無敗のまま終えました。最終週は、お互いに優勝をかけて戦う早慶戦となりました。慶應は1引き分け以上で優勝、早稲田は連勝すれば優勝という状況でした。

10月30日の1回戦では、3対5で今季初黒星を喫しました。

泣いても笑っても最後となった翌日の2回戦。3点を追う5回に二死二、三塁から渡部遼人の遊撃への内野安打で1点を返しました。

7回には二死一、二塁から渡部遼人がライト前へタイムリーヒット。右翼手の蛭間の本塁への送球が逸れて三塁側の慶大ベンチに飛び込み、ボールデッドとなったため、三塁へ進んでいた一塁走者も還り、追いつきました。

8回裏の守り。3番手の渡部淳一が二死一塁とした場面で、私は助監督の竹内とピッチャー交代の相談をしたうえで、ベンチを出ました。マウンドへ行く途中で、捕手の福井とも相談しました。彼は迷っていたので、「代えよう」と言うと、福井も頷きました。

球審の溝内健介さんに交代を告げ、橋本達弥をマウンドに送りました。

橋本は福本翔にレフト前ヒットを打たれ、二死一、二塁。1点も許せない場面で、打席にはあの蛭間を迎えました。

1ボール1ストライクからの3球目。橋本のフォークを福井がはじき、一、三塁になりました。走者が三塁にいて、ワンバウンドになる可能性があるフォークは投げにくい。しかし、橋本は臆せずにその後もフォークを2球続け、空振り三振。ピンチを脱しました。9回裏にも二死二塁と一打サヨナラのピンチを招きましたが、最後の打者をセカンドフライに打ち取り、ゲームセット。3対3のまま引き分けとなり、春秋連続39回目のリーグ優勝が決まりました。

春のリーグ優勝は早慶戦の前に決まっていたこともあって、昨秋の逆転負けの悔しさは消えていませんでした。今回は引き分けとはいえ、優勝をかけた早慶戦で決まった。昨秋の負けを取り戻したとは言えないかもしれませんが、なんとか一矢報いました。選手たちがよくやってくれたと思います。

8回裏のピッチャー交代は、昨秋の木澤から生井への交代を想起させるシーンでした。

試合後の優勝会見で、その場面で福井と相談した理由について訊かれ、「昨年のこともありますので、今回は石橋を叩きました」と冗談っぽく答えると、報道陣から笑いが起こりました。春秋連覇したことで、ジョークも言えました。

隣に座っていた福井は「笑えません」と苦笑いで言いましたが、「今の発言は場に合わせました。監督を信頼しているので、大丈夫です」と付け加えました。

春秋連覇の要因についても訊かれ、「バッテリーを中心とした守り。なんとかつないでいく打線。この2つです」と答えました。

正直に言うと、簡単な言葉だけでは要因を表しにくい優勝だったと思います。

ベストナインを獲得したのが外野手部門の渡部遼人ただ一人。とても優勝したチームとは思えません。突出したヒーローはいなかった。言い換えると、チーム全員が自分の役割を果たしたということでもあります。

春も逆境に動じずに、そこから逆転できるチームになったと感じましたが、秋はさらに成長して、どんな状況でも淡々と試合が運べるチームになっていました。だからこそ、「4勝1敗5分け」と負けない野球ができたのです。この春秋連覇は、学生たちが「エンジョイベースボール道」を理解して、実践してくれている証でした。

慶大の「負けない野球」が2021年秋季リーグで結実。30年ぶりの春秋連覇を飾った

秋のリーグ戦終了後、三菱自動車岡崎のOB会の46名で作っているグループLINEにお祝いのメッセージがたくさん届きました。私は、そこにメッセージを返しました。「ありがとうございました。みなさんに鍛えられたおかげです。冗談ではなく、本当です」

11月11日には、アメリカにいるリチャード・脊古さんが、LINE電話でこんな話を私に伝えてくれました。1983年春のアメリカ遠征時にUCLAのヘッドコーチだったゲーリー・アダムズさんとの電話の内容です。

リチャードさんが「1983年の慶

應の遠征であなたが『この選手を……』と言ったテッドが、今、慶應の監督として活躍しているんだよ」と言った。

ゲーリーさんが「成績はどうなんだ?」と訊いたので、「社会人でも大学でも名監督として頑張ってるよ」と答えると、ゲーリーさんは「彼はプロへ行ったのか?」と尋ねた。

「NO」。ゲーリーさんが「どんな監督だ?」と訊くので、「あなたと共通点が多いよ。野球への情熱がすごいんだ」と答えた。

すると、ゲーリーさんは「うれしいよ」と言ったきり、電話口で黙り込んでしまった。

しばらくすると奥様が電話を代わって、「ゲーリーは今、とても感激しているの」と言った。

その後、ゲーリーさんが「私もいろいろな日本人の指導者に会ったけど、マエダは素晴らしかった。その教え子が頑張ってるんだな」と言った。リチャードさんが「何かテッドにメッセージはある?」と訊くと、ゲーリーさんは言った。

「たくさんあるけど、一つ言うとしたら、『うれしい』と伝えてくれ。体に気をつけて、活躍してほしい、と」

この話を聞いた後、私はリチャードさんにLINEでメッセージを送りました。

「ゲーリーさんのお話、非常に心強く思いました。思い返せば思い返すほど、1983年のアメリカ遠征は私にとっての最大の転機です」

リチャードさんからは、こんな返信がありました。

「あなたはアダムズさんの幻のスラッガーです」


11月の明治神宮大会では、決勝で中央学院大に8対9で敗れ、準優勝。学生たちは、1年間精一杯突っ走ってきました。ベンチ入りメンバーもスタンドにいた部員も、試合後には泣きじゃくりながらも笑顔を見せていました。これが、「エンジョイベースボール」の真の姿なのか……。ただ、これもまた通過点であることには変わりありません。次の目標は、2022年春のリーグ戦優勝と、日本一です。そして、目的は学生たちの人格形成です。

2020年から、慶應のリーグ戦用のユニフォームのグレーの色は、1971年秋、1972年春、秋の3連覇を達成した時と同じ色に戻しています。

10戦全勝、早慶6連戦、3連覇……。諸先輩方の偉業に慶應野球部の歴史を1ページずつ繋ぎ、これからも「エンジョイベースボール道」を突き進んでいくことを誓います。

慶應義塾体育会野球部

●創部／1888(明治21)年
●リーグ優勝回数／39回
●全日本大学選手権大会／優勝4回(1952、63、87年、2021年)
●明治神宮大会／優勝4回(1985、92、2000、19年)
●合宿所／〒223−0064 神奈川県横浜市港北区下田町2-14-5
●慶應義塾大学下田グラウンド／左翼97m、中堅117m、右翼98m

創部は1888年と東京六大学で最も古い歴史を持つ。早大からの挑戦状がきっかけで対抗戦が始まり、そこに明大、法大、立大、東大が加わり、1925年秋に東京六大学リーグ戦がスタートした。

慶大の初優勝は2季目の26年春。早慶明の大混戦を抜け出しての栄冠獲得だった。戦前は宮武三郎、山下実ら歴史に残る強打者をそろえて9度の優勝と黄金期を築いた。46年春の復活リーグ戦も制するなど、戦後も隆盛を誇った。そして最も輝いたのが72年秋のこと。優勝のかかった早慶戦では7400人にも上る徹夜組が出るなど大フィーバーとなった。慶大はこの大一番で早大を2勝1敗で下し、部史上初のリーグ戦3連覇を成し遂げた。優勝回数こそ39回で早明法に先を譲っているが、プロに進む選手も多数輩出し続けており、チームも近年では19年秋のリーグ優勝、明治神宮大会を制覇。21年には全日本大学野球選手権大会で34年ぶりの大学日本一に輝くと、リーグ戦でも30年ぶりの春秋連覇を達成した。

■慶應義塾体育会野球部 歴代監督

監督	在任期間
三宅　大輔	1925秋
腰本　　寿	1926春～34秋
森田　　勇	1936春～45秋
宇野　光雄	1946春～46秋
上野　精三	1947春～48秋
阪井　盛一	1949春～55秋
稲葉　誠治	1956春～59秋
前田　祐吉	1960春～65秋
	1982春～93秋
近藤　良輔	1966春～67秋
榊原　敏一	1968春～71秋
大戸　洋儀	1972春～75秋
福島　敦彦	1976春～81秋
後藤　寿彦	1994春～2001秋
鬼嶋　一司	2002春～05秋
相場　　勤	2006春～09秋
江藤　省三	2010春～13秋
竹内　秀夫	2014春～14秋
大久保秀昭	2015春～19秋
堀井　哲也	2020春～

※1935年は監督不在

社会人野球時代

JR 東日本時代の堀井哲也監督

▶三菱自動車川崎
在籍期間／1984-1993
選手として4年間プレー。現役引退後はマネジャー

▶三菱自動車岡崎
在任期間／1994-2004 （1994-96 年 7 月までコーチ
都市対抗準優勝（2001年） 96 年 8 月から監督）

▶JR東日本
監督在任期間／2005-2019
2009年から10年連続で都市対抗出場
都市対抗優勝（2011年）

PROFILE

堀井哲也

ほりい・てつや●1962年1月31日生まれ。静岡県出身。韮山高、慶大では外野手。1984年に大学卒業後、三菱自動車川崎で4年間プレー。現役引退後はマネジャーを務めた。93年創部の三菱自動車岡崎でコーチを経て、96年8月から監督となり、2001年の都市対抗準優勝。05年からはJR東日本で指揮を執り、19年までの15年間で都市対抗優勝が1度（11年）、準優勝が3度（07年、12年、13年）。19年まで10年連続で都市対抗出場。19年12月に慶大の監督に就任。21年春の東京六大学リーグ戦を制し、全日本大学選手権は34年ぶりの優勝。秋も制して30年ぶりの春秋連覇を成し遂げた。

エンジョイ
ベースボールの真実《しんじつ》
球縁《きゅうえん》に導《みちび》かれた波瀾万丈《はらんばんじょう》の野球道《やきゅうどう》

2021年12月30日　第1版第1刷発行

著者　堀井哲也《ほりいてつや》
発行人　池田哲雄
発行所　株式会社ベースボール・マガジン社
〒103-8482
東京都中央区日本橋浜町2-61-9　TIE浜町ビル
電話　03-5643-3930（販売部）
　　　03-5643-3885（出版部）
振替口座　00180-6-46620
https://www.bbm-japan.com/

印刷・製本　共同印刷株式会社

Printed in Japan
ISBN 978-4-583-11428-6　C0075